# PROGRAMACIÓN PARA

# NIÑAS TECHIE

**APRENDE A PROGRAMAR CON SCRATCH Y PYTHON**

**TODO LO QUE PUEDAS IMAGINAR**

VARIABLE

LOOP

SCRIPT

STRING

REPEAT

**Kevin Pettman**

Título original: *You Can Code*
Texto y diseño © 2019, Carlton Books Limited

Los editores quieren dar las gracias a las siguientes fuentes que dieron su permiso para reproducir las imágenes del libro.
Nadia Snopek/Shutterstock
Shutterstock: bioraven, Cookie Studio, Idea store, N.MacTavish, miniwide, Nadya_Art, Natali
Snailcat, openeyed, PremiumArt, Quarta, Rvector, siridhata, Sketch Master, VectorShow
Wikimedia Commons
Se ha hecho todo lo posible para nombrar correctamente y para ponerse en contacto con las fuentes y/o dueños de los derechos de autor de todas las imágenes que aparecen. La editorial Carlton Books pide disculpas por cualquier error de omisión inintencionado, que se corregirá en futuras ediciones.

Primera edición: octubre de 2019
© de la traducción: 2019, Beatriz García Alcalde
© de esta edición: 2019, Roca Editorial de Libros, S.L.
Av. Marquès de l'Argentera, 17, pral.
08003 Barcelona
actualidad@rocaeditorial.com
www.rocalibros.com

Imprime: Egedsa

ISBN: 978-84-17805-10-4
Depósito legal: B-19203-2019
Código IBIC: YN
Código producto: RE05104

# PROGRAMACIÓN PARA NIÑAS TECHIE

**APRENDE A PROGRAMAR CON SCRATCH Y PYTHON**

**TODO LO QUE PUEDAS IMAGINAR**

**Roca**editorial

# ÍNDICE

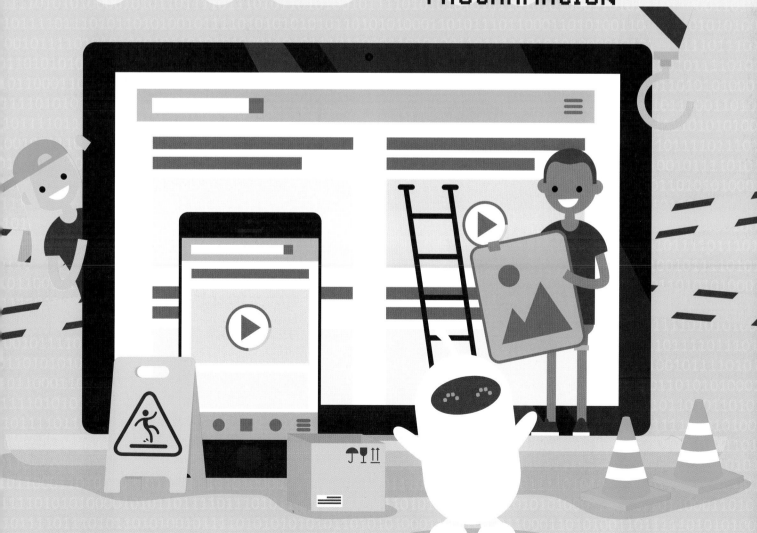

# ¿QUÉ ES PROGRAMAR?

Programar es crear una serie de instrucciones para que las siga un ordenador. Un ordenador no es capaz de programar solo. Por eso, el ser humano debe escribir programas. Otras palabras que se usan para decir «programar» son «escribir código». Una programadora es la persona que le da instrucciones a un ordenador.

Las instrucciones que una programadora le da a un ordenador deben ser sencillas y **contener lo que la máquina debe hacer paso por paso**. Imagina que un programador escribe mal el código de los mandos de un juego: ¡cuando le das al botón izquierdo el personaje va hacia la derecha y cuando le das al botón derecho, hacia la izquierda! El código entero debe ser correcto para que todo funcione como es debido.

## ¿CUÁNTAS VECES AL DÍA UTILIZAS EL ORDENADOR?

Trabajas en un portátil en clase, te entretienes con videojuegos en casa, ves vídeos en la tableta, mandas mensajes con el móvil...

Usas los ordenadores más de lo que piensas. ¡Los objetos que nos rodean en el día a día, como los juguetes electrónicos, la lavadora, los relojes, los semáforos o el escáner de las cajas registradoras, también funcionan con un ordenador!

Programar puede parecer complicado, pero todas las partes del código deben ser órdenes sencillas para que el ordenador las comprenda.

# DESCIFRAR EL CÓDIGO

- - - - - - - -

La matemática inglesa Ada Lovelace fue **la primera programadora del mundo**. En 1842, explicó como unas simples tarjetas perforadas podían utilizarse para calcular.

No te preocupes: **¡no hace falta que seas una genio de la informática!** Este manual tan estupendo te explica lo más básico y te enseña a **escribir códigos sencillos para hacer cosas divertidas**. Crearás juegos, añadirás sonidos, efectos especiales, animaciones, música y muchas más cosas chulas.

▶ ENTONCES, ¿PUEDES PROGRAMAR? ¡POR SUPUESTO QUE SÍ!

# SCRATCH

Uno de los lenguajes de programación más sencillos es Scratch, así que es la opción perfecta para empezar esta aventura. La mayor parte de este libro te explica cómo tienes que usar Scratch para crear proyectos fascinantes y divertidos en tu ordenador.

¡Con esta guía tan increíble, usar Scratch es fácil y divertido!

## EXITAZO MUNDIAL

Scratch tiene **más de 35 millones de usuarios** en más de 150 países con 40 idiomas distintos. Se publicó por primera vez para uso general en 2007.

# 5 DATOS SOBRE SCRATCH

**1** Scratch es **sencillo, pero ingenioso**. La programadora, ¡que eres tú!, no tiene que escribir letras, números y símbolos, sino que solo tiene que hacer clic sobre distintos bloques de colores y arrastrarlos.

**2** ¡Scratch es **gratuito**! Eso quiere decir que millones de usuarios pueden dedicar horas a jugar, a crear y a guardar proyectos sin tener que pagar ni un céntimo.

**3** Fue creado por las **brillantes pensadoras** del Media Lab del MIT, el Instituto Tecnológico de Massachusetts, en Estados Unidos.

**4** Para crear un juego de Scratch, la programadora empieza casi siempre colocando a personajes o cosas en la pantalla. Son los denominados **objetos**.

**5** Scratch te permite **compartir** el código de tus proyectos con la comunidad Scratch. Puedes retocar los proyectos de otras programadoras copiando partes o añadiendo cosas nuevas. Scratch también te permite seguir a tus programadoras favoritas, las **Scratchers**.

## python

> ¿Por qué dejar de usar Scratch? ¡Descubre Python!

Python es otro lenguaje de programación del que hablaremos a partir de la página 58. Python se escribe con texto en lugar de con bloques, pero, aun así, es sencillo entender cómo se programa. Ya estás preparada para lanzarte al mundo de Scratch, así que ¡pasa la página y empieza una **aventura épica**!

# INSTALAR SCRATCH

La página web de Scratch es scratch.mit.edu. Se puede usar Scratch entrando en la página web a través de una conexión a internet. Eso es lo que se llama estar «*online*». También se puede utilizar sin estar conectada. No obstante, necesitas estar conectada a internet para descargarte el programa en el ordenador o la tableta si quieres usarlo después sin conexión.

## ONLINE

En la página de inicio de Scratch, haz clic con la flechita del ratón sobre las palabras «Empezar a crear» que verás en la parte de arriba. Piensa cuál será tu **nombre de usuaria de Scratch** y una contraseña que puedas recordar. Pídele a un adulto que te ayude si es necesario. Una vez hecho esto, pulsa «Crear» para empezar un proyecto con Scratch.

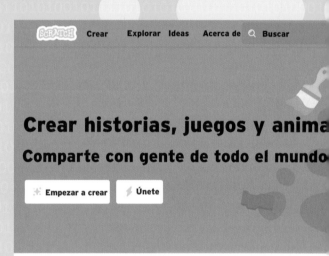

WWW.SCRATCH.MIT.EDU

USUARIO:

CONTRASEÑA:

## PERMISO PARA JUGAR

-----

**Pregúntale siempre** a tus padres , a tu tutora o la dueña del ordenador si puedes utilizar Scratch.

# SIN CONEXIÓN

Después de registrarte en Scratch, pulsa en **«Editor sin conexión»**, abajo del todo, para instalar Scratch Desktop. De ese modo, podrás abrir Scratch desde la aplicación de tu ordenador.

Las instrucciones que contiene este libro son para la versión Scratch 3.0, que apareció en enero de 2019. Las versiones anteriores, Scratch 2.0 y Scratch 1.4 son algo distintas.

> Scratch toma su nombre del «scratching», una técnica que usaban los raperos y los DJs para remezclar música. El lenguaje de programación Scratch te permite copiar los proyectos de otras personas y remezclarlos para hacer tu propia versión.

> Puede que a tus hermanos pequeños les apetezca usar ScratchJr... ¡A no ser que sean solo un bebé!

# USUARIAS MÁS PEQUEÑAS

Scratch está diseñado para niñas de entre ocho y dieciséis años, pero puede utilizarlo cualquiera. Las niñas más pequeñas pueden probar la versión más sencilla ScratchJr, que encontrarás en **www.scratchjr.org**.

# CONOCE LA PANTALLA DE SCRATCH

Cuando hagas clic en «Crear», entrarás en una pantalla como esta. Se llama «interfaz» y es el lugar en el que se harán realidad tus proyectos de programación.

## TUTORIALES

En «Tutoriales» encontrarás vídeos sencillos y divertidos que te enseñan a programar y a construir.

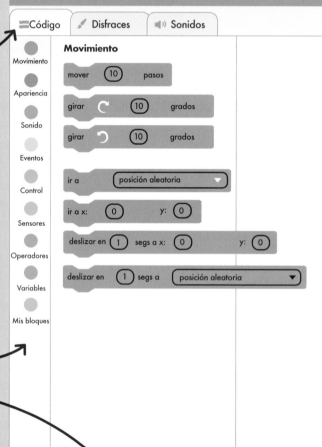

## PESTAÑA CÓDIGO

Si pulsas en la pestaña «Código», verás los tipos de bloques organizados por colores, como en una paleta. Cada círculo es de un color y te lleva a un grupo de bloques, por ejemplo **«movimiento»** o **«apariencia»**.

## PALETA DE BLOQUES

La parte izquierda de la interfaz es el lugar desde el que arrastras los bloques con los que vas a programar.

## MOCHILA

Esta opción se encuentra en la parte de debajo de la interfaz y se utiliza para almacenar los objetos, los sonidos y los scripts. Pulsa sobre ellos y arrástralos hasta aquí. Después, será muy sencillo arrastrarlos y soltarlos en otros programas. Si la mochila no está abierta, pulsa sobre la palabra «mochila» y se abrirá.

## EXTENSIONES

Desde la biblioteca de extensiones, puedes añadir conjuntos de bloques nuevos, como música o piezas de LEGO entre otras muchas cosas.

## CONOCE LA PANTALLA DE SCRATCH

# ÁREA DE SCRIPTS

En el centro de la pantalla, está el área de scripts, el lugar en el que se van colocando los bloques para construir un script. Un script es un **conjunto de instrucciones**.

**Pulsa en la bandera verde para ejecutar (poner en marcha) un programa y en el botón rojo, para pararlo.**

# ÁREA DE ESCENARIOS

Se encuentra en la parte superior derecha de la interfaz. Esta parte sirve para añadir objetos, imágenes de fondo y sonidos, y es el sitio en el que los juegos que has programado **cobran vida**.

# ¡SALVACIÓN!

Scratch 3.0 tiene una función de **autoguardado** que va guardando el trabajo a medida que avanzas. Tú también puedes guardarlo cuando quieras pulsando en «Archivo» y «Guardar ahora».

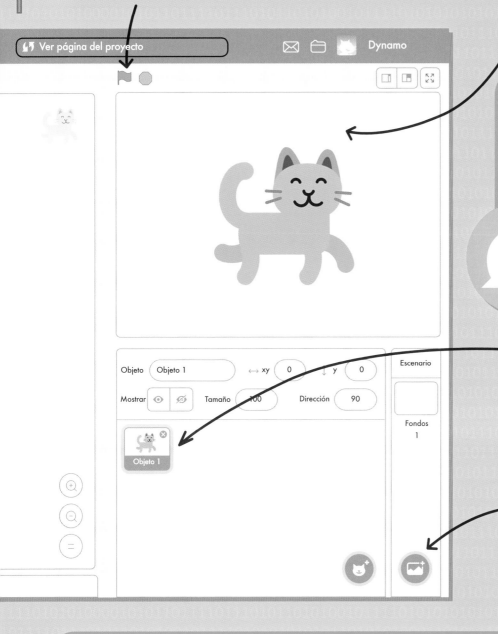

# ÁREA DE OBJETOS

Gestiona, construye y edita los objetos (personajes, elementos y letras) que añadas desde la **lista de objetos** que está justo debajo del área de escenarios.

# FONDOS

Pulsa aquí para elegir y añadir un fondo de la biblioteca.

**¡Scratch tiene muchísimas más funciones y te permitirá hacer muchas más cosas chulas, pero esto es lo básico que tienes que saber para empezar!**

¡Anda! ¡Mira lo que sé hacer!

¡Hola!

# LOS OBJETOS AL DETALLE

Los objetos son la parte más importante de Scratch. El área de «objetos» es el sitio en el que vas a empezar a crear tu primer proyecto sencillo. Cuando programas un script para un objeto, este se moverá, hará ruidos, hablará, reaccionará o cambiará de aspecto.

## > ÁREA DE OBJETOS

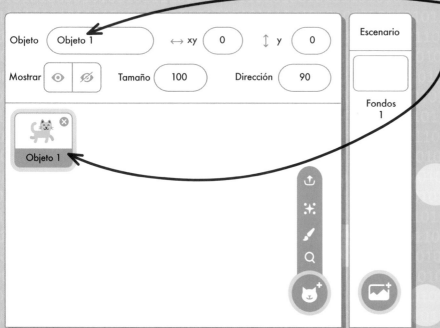

Cada vez que empieces un proyecto, aparecerá el objeto del gato naranja. Por defecto, se llama «Objeto1», pero puedes **cambiarle el nombre**. Selecciona «Objeto1» y escribe un **nombre más interesante**.

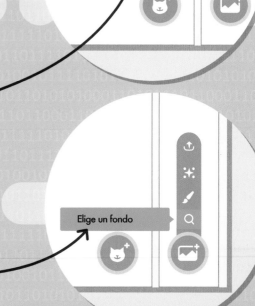

Para añadir los objetos, pasa el ratón por encima del botón del gatito. Saldrá «Elige un objeto». Después, pulsa sobre la lupa. Hay **cientos para elegir**. Pulsa en un objeto y aparecerá en la lista de objetos al lado del gato. Los objetos se pueden borrar. Selecciónalos y después pulsa la equis chiquitita del círculo azul.

Para elegir un fondo, pasa el ratón sobre el botón y haz clic en la lupa. Pulsa en el fondo «forest» (bosque) y verás cómo aparece en el escenario.

## > ÁREA DE PROGRAMACIÓN

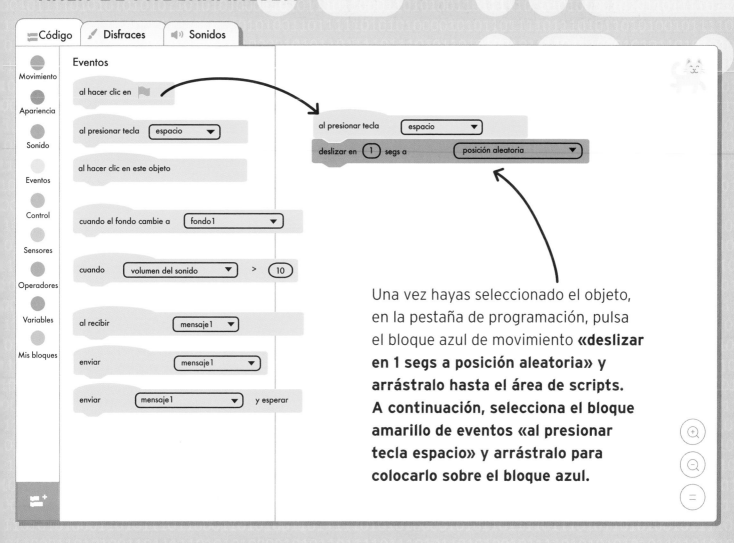

Una vez hayas seleccionado el objeto, en la pestaña de programación, pulsa el bloque azul de movimiento **«deslizar en 1 segs a posición aleatoria» y arrástralo hasta el área de scripts. A continuación, selecciona el bloque amarillo de eventos «al presionar tecla espacio» y arrástralo para colocarlo sobre el bloque azul.**

## > ÁREA DE ESCENARIOS

Pulsa en la **bandera verde de inicio** y luego dale a la barra espaciadora del teclado. ¡El objeto se moverá de forma aleatoria por el escenario cada vez que le des a la barra espaciadora! Puedes ampliar el escenario, haciendo clic sobre el botón que tiene **cuatro flechas mirando hacia afuera**, que está en la parte superior derecha de la pantalla.

**Juguetea con este proyecto tan sencillo para conocer un poco mejor la interfaz de Scratch.**

El script que hayas creado se puede cambiar (editar). Solo tienes que arrastrar los bloques para quitarlos o colocar otros nuevos. Un bloque aislado puede borrarse pulsando encima y eligiendo «eliminar bloque» o arrastrándolo hasta la zona donde están los bloques. Prueba esto:

Arrastra el bloque naranja de control «por siempre» hasta el script. Suéltalo cerca del bloque **«deslizar en 1 segs a posición aleatoria» y marca en el desplegable la opción «puntero del ratón».**

**Después, dale a la bandera verde, pulsa la barra espaciadora y empieza a mover el cursor por el escenario. El gato se moverá hacia donde señales. El bloque naranja «por siempre» significa que esto sucederá cada vez que se mueva el ratón.**

**También podrías, por ejemplo, añadir el bloque morado de apariencia «Decir «hola» durante 2 segundos» y el azul de movimiento «girar 15 grados» al bloque naranja de control «por siempre».**

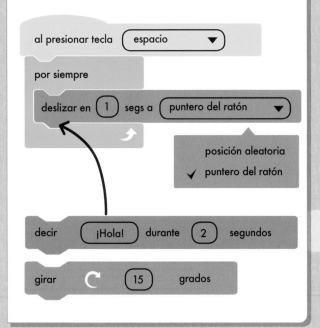

## INICIAR UN PROYECTO

**Pulsa «Archivo» y «Nuevo» para crear un script nuevo. Después, dale al archivo de este proyecto tan sencillo un nombre en el recuadro de la parte superior.**

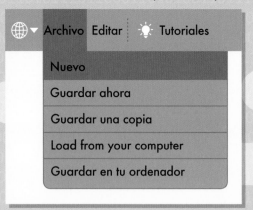

**En este proyecto, coloca un objeto nuevo en un fondo nuevo. Aquí hemos usado el objeto de un tiburón, «Shark 2», con un fondo submarino «Underwater 1».**

PROYECTO NUEVO

Shark 2

Underwater 1

**1** Pulsa en el objeto y después, mueve el bloque de eventos «al presionar tecla espacio» al área de scripts. El objetivo es **mover el tiburón usando las flechas del teclado.**

**2** Cambia «espacio» por «flecha arriba» en el desplegable del bloque de eventos. Añade otro bloque de eventos igual que el anterior al área de scripts, pero esta vez, cambia «espacio» por «flecha abajo».

**3** **Arrastra el bloque azul de movimiento «sumar a y 10»** hasta engancharlo con el primer bloque amarillo de eventos. Repite la operación y coloca el bloque debajo del segundo bloque amarillo de eventos, pero ahora, cambia el 10 por un -10. ¡Con las flechas de arriba y abajo, podrás **mover el tiburón arriba y abajo!**

**4** Para mover el tiburón a la derecha y a la izquierda, arrastra otros dos bloques amarillos de eventos «al presionar tecla espacio». Cambia la palabra «espacio» por «flecha derecha» y coloca un bloque azul de movimiento «sumar a x 10» justo debajo. Cambia el «espacio» del cuarto bloque a «flecha izquierda» y pon otro bloque de movimiento azul como el anterior debajo. Igual que hemos hecho en el paso anterior, cambia el 10 por un -10.

**5** El tiburón se moverá ahora a la derecha y a la izquierda. No te olvides de pulsar la **bandera verde** para ejecutar el programa.

No es necesario que todo el script esté conectado dentro del área de script para transmitir las instrucciones. Estos cuatro fragmentos independientes de script son también **órdenes completas y funcionan.**

¡Daos prisita, chicos!

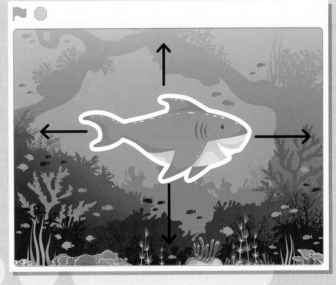

# ANIMAR LOS OBJETOS

Ahora que has conseguido un tiburón que se mueve usando las flechas del teclado, añade un objeto al proyecto para que el tiburón lo persiga. ¡Da un poco de miedo, pero es fácil!

**1** Ve al icono de los objetos para elegir uno y **seleccionar el pez (fish).**

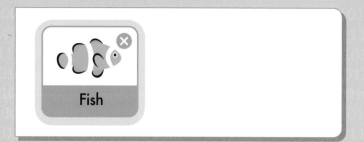

**2** Comprueba que está seleccionado en la lista de objetos de abajo. Ahora, arrastra el bloque azul de movimiento «deslizar en 1 segs a posición aleatoria» hasta el área de scripts. Coloca el bloque naranja de movimiento «por siempre» a su alrededor y bloque amarillo de eventos «al hacer clic en bandera verde» encima. El pez **se moverá aleatoriamente** por la pantalla.

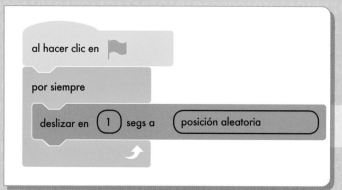

**3** Selecciona el objeto «Shark 2» que ya tienes. Puedes **variar el aspecto o la postura** de un objeto. Arrastra el bloque morado de apariencia «cambiar disfraz a shark2-a» al área de scripts.

**4** Coloca justo debajo el bloque naranja de control «esperar 1 segundos» seguido de un bloque morado de apariencia «cambiar disfraz», en el que seleccionarás la opción «shark2-b». Coloca un segundo bloque naranja de control «esperar 1 segundos» al final.

**5** Pon un bloque naranja de control «por siempre» alrededor de todo y un bloque amarillo de eventos «al hacer clic en bandera verde» encima. Ejecuta el script y verás cómo el tiburón **abre y cierra** la boca.

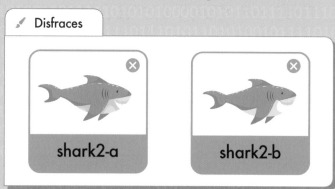

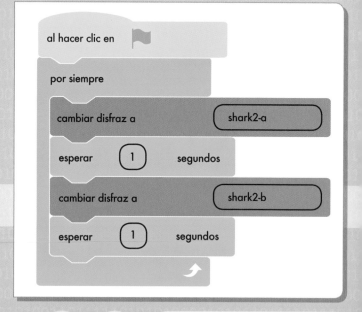

Mueve el tiburón con las flechas del teclado. Ya puede perseguir al pez... ¡Abriendo y cerrando los dientes!

## CAMBIA LOS NÚMEROS

En Scratch, puedes cambiar las cifras y los números que aparecen en los distintos bloques. Por ejemplo, el pez que se mueve por el mundo submarino podría deslizarse a un lugar aleatorio cada cinco segundos. Eso quiere decir que es más lento. Los valores X e Y, que indican lo que avanza el tiburón cuando pulsas las flechas del teclado, se pueden cambiar también para que se mueva más o menos.

## QUE SE MUEVA SOLO

Es posible programar el tiburón hambriento para que persiga al pez **sin tener que moverlo a mano**. Tras seleccionar el objeto del tiburón 2, **borra las instrucciones que hemos creado para moverlo con el teclado** y coloca otro script como el que aparece aquí, pero cambia el número de pasos a cinco o a tres.

## DALE AL BOCADILLO

Ahora, si quieres que el tiburón hable con un bocadillo, arrastra **el bloque morado de apariencia «decir Hola» y déjalo debajo del** bloque morado de apariencia «cambiar disfraz a shark2-a». Podrías poner otro bloque morado de apariencia «decir «hola» debajo del segundo bloque «cambiar disfraz». Puedes cambiar el «¡Hola!» por «¡La cena!» si quieres.

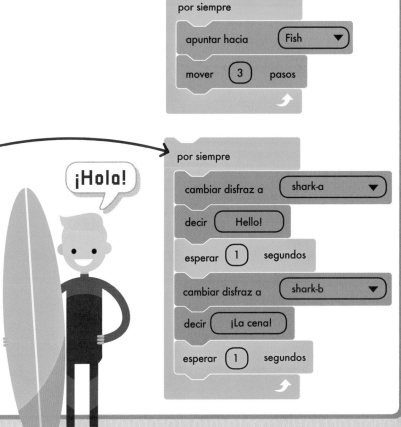

# SIETE TRUCOS GENIALES PARA LOS OBJETOS

Ya te has familiarizado con los objetos y sabes lo más básico. ¡Estos trucos especiales te servirán para aprender todavía más cosas!

## > EL TEMA DEL TAMAÑO

Puedes hacer los objetos más grandes o más pequeños. Selecciona el que quieras y cambia el número del valor «Tamaño». El tamaño del objeto de ese escenario cambiará.

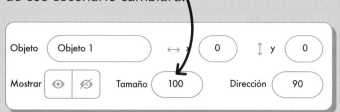

## > HAZ TUS PROPIOS OBJETOS

Puedes cargar tus propios objetos. Pasa el ratón por encima del icono de los objetos y **selecciona la flechita para subir lo que quieras** de tu escritorio.

## > ¡AHORA LO VES!

Haz clic sobre un objeto y prepara el script que aparece a continuación. El objeto se esconderá y reaparecerá sobre el fondo. Cambia el número de segundos que tarda en hacerlo a cinco en el bloque «esperar».

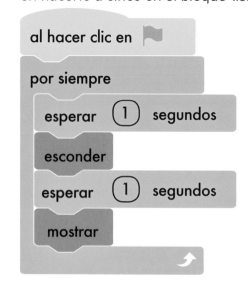

## > FAVORITOS

Si te **encanta un objeto** que hayas seleccionado y el script que lleva, te resultará muy fácil copiarlo. Haz clic con el botón derecho sobre el objeto hasta que aparezcan las palabras: «duplicar», «exportar» y «borrar». Selecciona «duplicar».

## > TODO ME DA VUELTAS

Puedes programar los objetos para que giren en el sentido de las agujas del reloj o en el contrario. Coloca un bloque **«girar 15 grados»** en un bloque **«por siempre»** y un bloque con una bandera verde encima de ambos. Cambia el número para que gire más deprisa o más despacio.

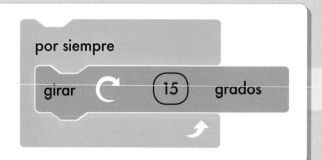

## > «ARTE-FACTOS»

Se puede editar el aspecto de un objeto. Pulsa en la pestaña «Disfraces» que está en la parte superior izquierda. Verás iconos como una brocha o una «T», que sirve para añadir texto. Por ejemplo, puedes editar el gato para que tenga el cuerpo y los ojos más grandes.

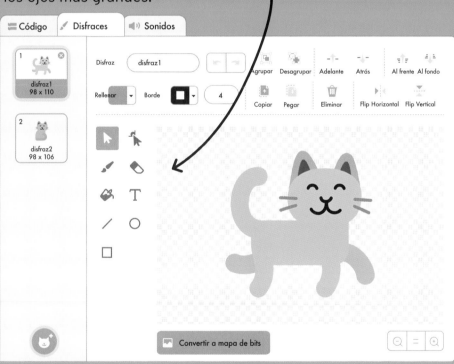

¡Guau, guau!

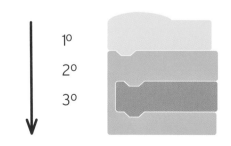

1º
2º
3º

## > EN ORDEN

Un script siempre funciona de **arriba abajo.** El bloque de arriba dará la primera instrucción y el de abajo, la última.

# ¡QUÉ BIEN SUENA!

Los sonidos permiten que un juego de persecuciones sea más divertido, que una animación tenga un efecto o que un objeto haga un ruido gracioso.

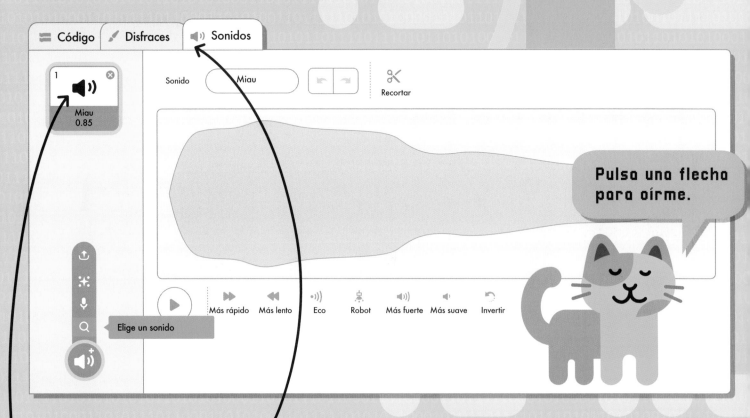

Sonido    Miau    Recortar

Pulsa una flecha para oírme.

Más rápido   Más lento   Eco   Robot   Más fuerte   Más suave   Invertir

Elige un sonido

Selecciona un objeto y pincha en la pestaña «Sonidos». Después, pasa el ratón por encima del icono azul del altavoz que está en la parte inferior izquierda de la interfaz. Pulsa sobre «Elige un sonido» y se abrirá la biblioteca de sonidos. Pasa el ratón por encima para escucharlos.

Pulsa sobre un sonido y verás que aparece en la parte izquierda de la pantalla de sonidos. Es posible añadir **efectos como eco o efecto robótico,** pero de momento, ignora todo esto. Elige cuatro sonidos. Después, pincha en la pestaña «Código» para crear un proyecto nuevo.

## ESCUCHA Y APRENDE

Cada objeto tiene un sonido. Pon unos cuantos objetos en la lista de objetos. Pincha en la pestaña de sonidos y juega con la música o con la nota que emite un objeto.

## SONIDO DE INICIO

Selecciona un objeto y un fondo. Prepara este script, igual que has hecho con el del tiburón de la página 16. Esta vez, coloca los bloques «iniciar sonido meow» debajo de los dos primeros. Luego, elige uno de los **cuatro sonidos nuevos** que has sacado de la biblioteca.

## SONIDOS Y MOVIMIENTOS

Gracias al micrófono del ordenador, es posible crear un script para que el objeto **realice una acción** cuando detecte determinado sonido.

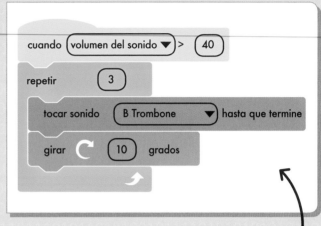

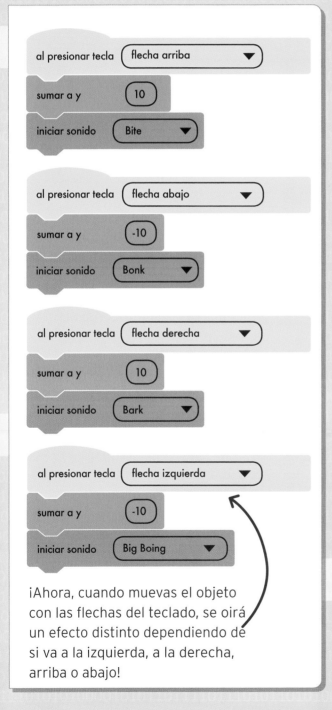

¡Ahora, cuando muevas el objeto con las flechas del teclado, se oirá un efecto distinto dependiendo de si va a la izquierda, a la derecha, arriba o abajo!

Abre un proyecto nuevo. Coloca el objeto «Cassy dance» sobre el fondo «spotlight». Incluye este script. Empieza con un bloque amarillo de eventos «cuando volumen de sonido >10» y cambia el 10 por un 40. Añade un sonido al bloque violeta de sonidos «tocar sonido hasta que termine». Aquí hemos elegido el sonido «B Trombone». De esta manera cuando Scratch detecte un ruido, el objeto emitirá un sonido y girará.

# ¡UN LABERINTO DISTINTO!

Ya es hora de que tus conocimientos sobre programación con Scratch aumenten y de que crees otro script. Aquí vas a aprender a preparar un juego de un laberinto como toda una experta.

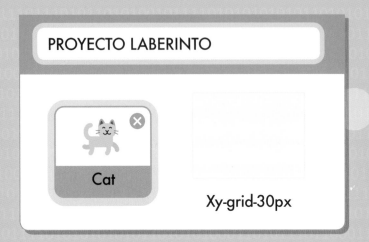

PROYECTO LABERINTO

Cat

Xy-grid-30px

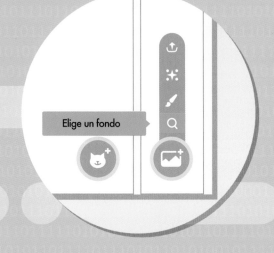

Elige un fondo

**1** Abre un proyecto pulsando en «Archivo» y «Nuevo» en la parte superior izquierda de la interfaz. Verás la palabra «Untitled» (Sin título). Sustitúyela por el nombre que quieras darle al proyecto, por ejemplo «PROYECTO LABERINTO».

**2** Selecciona el fondo «X y-grid- 30px» de la biblioteca. Pon el gato en la parte superior izquierda del escenario y redúcelo a un tamaño de entre 15 y 30 para que quepa en el laberinto.

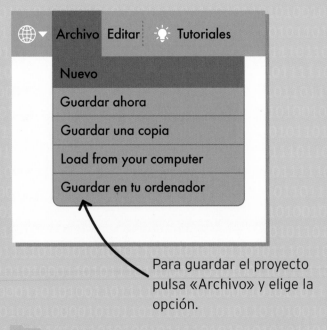

Archivo  Editar  Tutoriales

Nuevo

Guardar ahora

Guardar una copia

Load from your computer

Guardar en tu ordenador

Para guardar el proyecto pulsa «Archivo» y elige la opción.

Código  Fondos  Sonidos

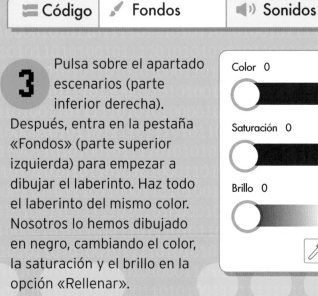

**3** Pulsa sobre el apartado escenarios (parte inferior derecha). Después, entra en la pestaña «Fondos» (parte superior izquierda) para empezar a dibujar el laberinto. Haz todo el laberinto del mismo color. Nosotros lo hemos dibujado en negro, cambiando el color, la saturación y el brillo en la opción «Rellenar».

Color  0

Saturación  0

Brillo  0

**4** Selecciona la línea diagonal y **dibuja un laberinto** por la cuadrícula arrastrando la línea de una casilla a otra. ¡Hazlo todo lo complicado que quieras!

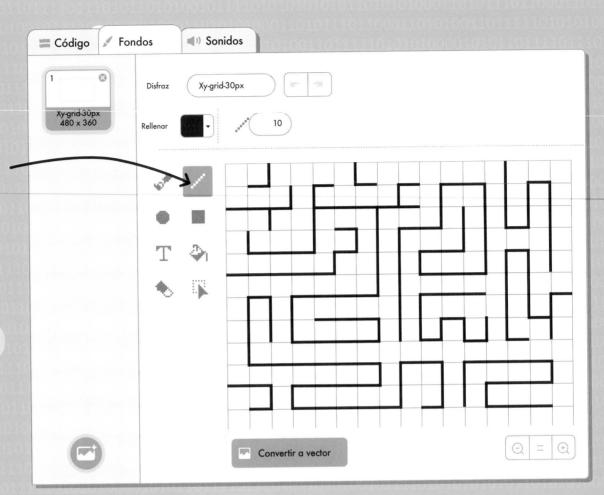

**5** Pulsa sobre el botón cuadrado para colocar un **cuadradito en la esquina inferior izquierda** del laberinto. ¡Es el final al que tendrá que llegar tu objeto! Puede ser de un color distinto al de las líneas del laberinto.

Intenta diseñar tu propio laberinto en la página 30.

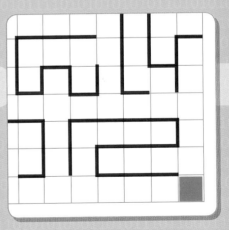

**6** ¡Es hora de preparar el script! Comprueba que el objeto del gato está marcado en azul y prepara este código en el área de scripts. Sirve para que puedas **mover el gato con las flechas del teclado.** Tendrás que cambiar los valores positivos y negativos.

**7** El siguiente script impedirá que el gato atraviese las líneas negras que forman el laberinto. Al principio, el gato aparecerá en la esquina superior izquierda y si toca una línea negra, volverá a ese punto.

Un bloque turquesa de sensores impedirá que el objeto pueda atravesar las líneas negras que forman el laberinto. Colócalo dentro de un bloque naranja de control «Si».

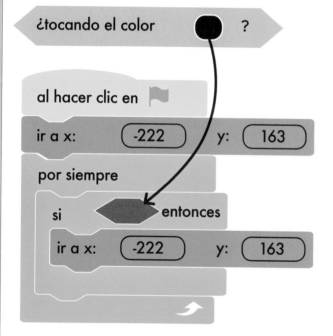

Para elegir el color negro de las líneas del laberinto, pulsa sobre el recuadro del color y después, selecciona la pipeta que aparece en la esquina de la ventanita. Arrastra la lupa que aparece hasta el laberinto del escenario y pulsa sobre el puntito de una de las líneas negras. El circulito del bloque de sensores se pondrá negro.

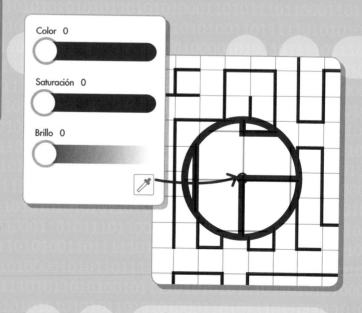

**8** Ahora, puedes mover el gato por el laberinto con las flechas del teclado. A continuación, añade al script de tu objeto lo que aparece en esta imagen. El color rojo que aparece es el color del recuadro que marca el final. Añádelo al bloque turquesa de sensores «tocando el color» con la pipeta, como has hecho antes. El bloque morado de apariencia «decir "Has ganado" durante 2 segundos» era antes así: «decir "¡Hola!" durante 2 segundos». **¡Cambia el «¡Hola!» por el mensaje que más te guste!**

Mueve el gato por el laberinto para practicar con las flechas del teclado. ¡Edita el fondo del laberinto para complicarlo más!

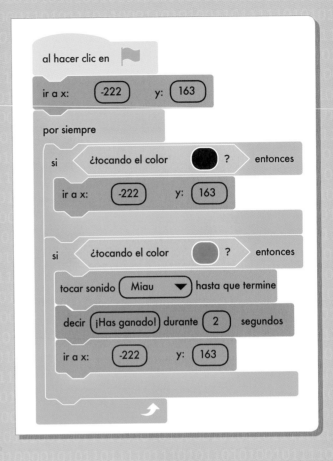

El laberinto empieza aquí.

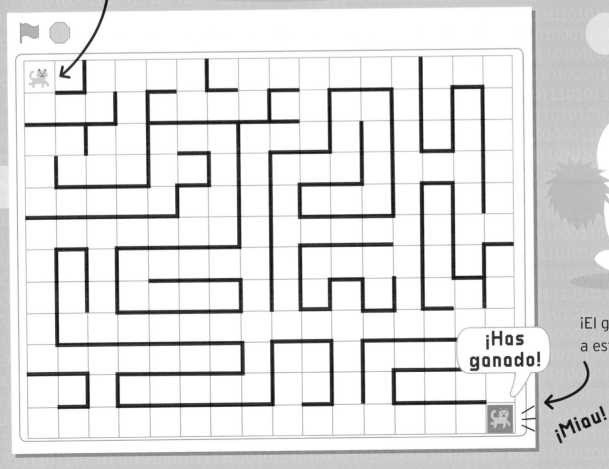

¡Has ganado!

¡El gato quiere llegar a este recuadro!

¡Miau!

**9** ¡Puedes añadirle otro nivel al laberinto, de modo que cuando el gato llegue al recuadro rojo, se abra otro fondo y el laberinto continúe! Prepara otro laberinto igual que has hecho antes. Si lo prefieres, haz un laberinto con **líneas circulares** en lugar de con rectas y con bloques. Es importante que los círculos o las líneas sean del mismo color que las del primer laberinto para que los bloques de sensores funcionen.

**10** Coloca un bloque de «cambiar fondo a Xy-grid-30px» debajo del bloque de control con la banderita verde. Cambia el texto del bloque «Decir "¡Has ganado!" durante 2 segundos» de tu script y pon «¡Nuevo nivel!». Añade un bloque morado de apariencia «siguiente fondo». El laberinto nuevo aparecerá en la pantalla. Acuérdate de añadir un recuadro de otro color y un mensaje de victoria al final del segundo laberinto.

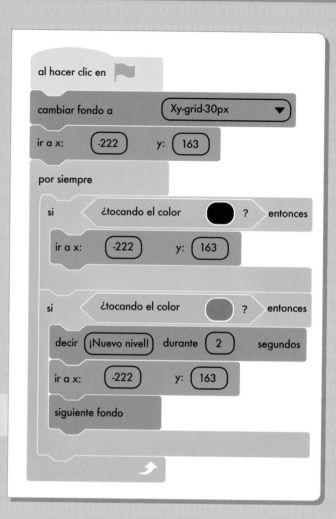

# ¡INTÉNTALO OTRA VEZ!

Los bloques naranja oscuro de variables permiten a los usuarios de Scratch llevar un recuento o guardar un valor. El programador elige dicho valor. En el juego del laberinto, puedes **utilizar las variables para añadir vidas al juego**. ¡Si te quedas sin vidas, fin de la partida!

Las vidas aparecen en este cuadradito. Lo verás en el escenario y puede moverse por el laberinto.

Pincha en el circulito naranja oscuro, el de las variables, en la lista que aparece a la izquierda de la interfaz. Después, pulsa en el recuadro en el que pone «Crear una variable» y ponle el nombre «VIDAS». Deja marcada la opción «Para todos los objetos».

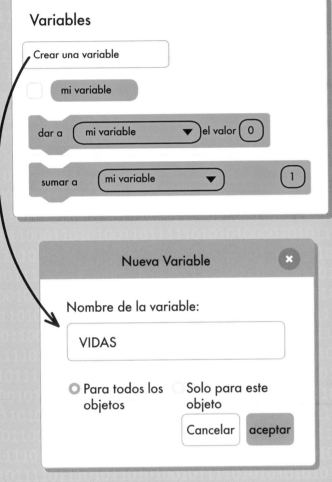

Ahora, aparece la variable «VIDAS» guardada en un rectángulo naranja oscuro encima del resto de los bloques de la sección.

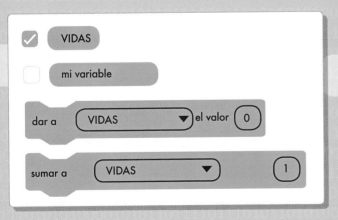

Añade otro bloque de variables «dar a VIDAS el valor 3» debajo del bloque amarillo de eventos «al hacer clic en la bandera verde» de arriba. Después, coloca un bloque naranja oscuro de variables «sumar a VIDAS -1» y un bloque naranja de control «Si» como aparece a continuación. Coloca dentro un bloque verde de operadores «(vacío) <1» y después, añade en el espacio en blanco el rectángulo naranja oscuro «VIDAS».

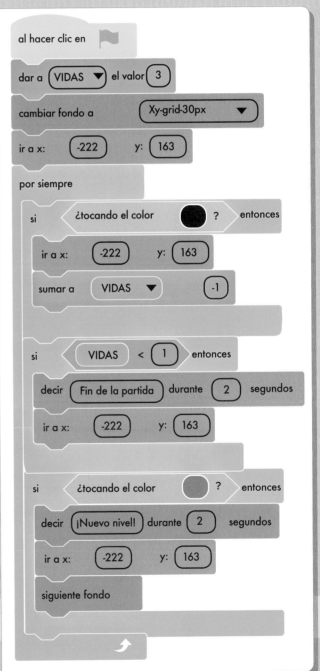

# PLANIFICADOR DE LABERINTOS

Coge un lápiz y usa estas plantillas para planificar tus propios laberintos.

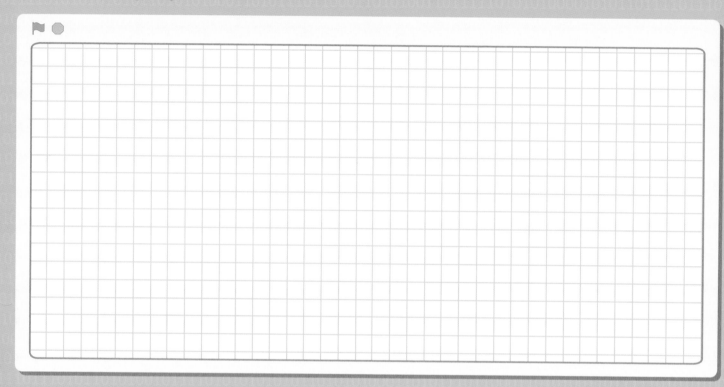

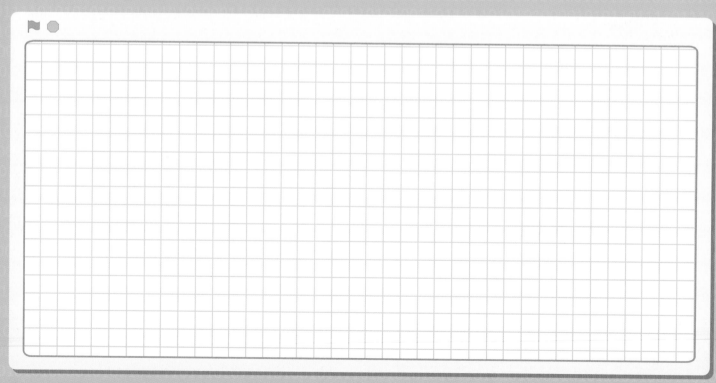

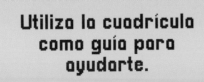

Utiliza la cuadrícula como guía para ayudarte.

## CONSEJO GENIAL

No compliques el diseño demasiado y procura que los caminos tengan el ancho suficiente para que el objeto se mueva por ellos.

# CARRERA ESPACIAL

Este script sirve para crear un juego de persecuciones muy divertido. Incluye un marcador, un cronómetro, texto y sonido. Puedes elegir los objetos y los fondos que quieras, pero te damos unas ideas para que tengas por dónde empezar. ¿Preparado? ¡Este juego va a brillar como una estrella!

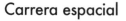

Carrera espacial

Dot

Star

Xy-grid-30px

**1** Crea un proyecto nuevo y llámalo, por ejemplo, «Carrera espacial».

**2** Borra el objeto del gato de la lista de objetos dándole a la crucecita de la esquina superior izquierda del icono. Entra en «Elegir objeto» y selecciona el icono de **la lupa**. Dentro de la biblioteca de objetos, selecciona a Dot, el perro espacial.

**3** A continuación, selecciona otro objeto que se llama «Star». Ambos objetos aparecerán ahora en tu lista de objetos. Por otro lado, selecciona el fondo de una galaxia en la biblioteca de fondos.

**4** Señala a Dot. Verás una especie de brillo azul alrededor del objeto. Tiene que ser más pequeño, así que cambia el tamaño de 100 a 50.

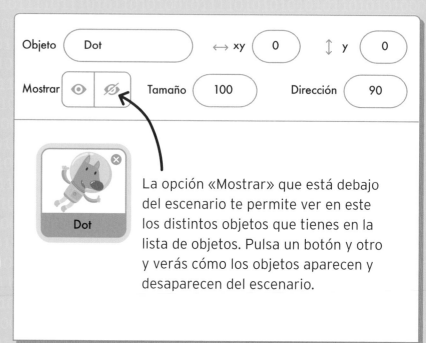

La opción «Mostrar» que está debajo del escenario te permite ver en este los distintos objetos que tienes en la lista de objetos. Pulsa un botón y otro y verás cómo los objetos aparecen y desaparecen del escenario.

**5** Crea este script tan sencillo para Dot. Empieza con el bloque morado de apariencia «decir "¡Hola!" 2 segundos», pero cambia el «¡Hola!» por «¡Es hora de perseguir las estrellas!». Hemos variado el bloque azul de movimiento. Antes ponía «deslizar en 1 segs a posición aleatoria» y lo hemos dejado como «deslizar en 1 segs a puntero del ratón».

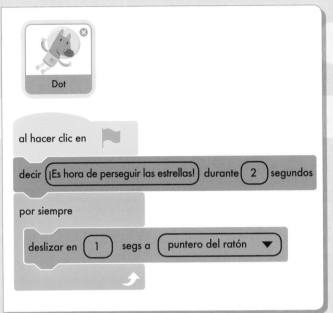

**6** Ahora tienes que preparar una variable distinta para Dot. Ve a la sección de variables. Luego, haz clic en el recuadro «Crear una variable». Escribe «Puntuación», selecciona «Para todos los objetos» y dale a «Aceptar».

**7** Escribe un segundo script para Dot. Selecciona «¿tocando Star?» de la lista de bloques turquesa de sensores. En la lista aparece como «¿tocando puntero del ratón?». Cuando el juego esté acabado, esta instrucción significará que cada vez que toque la estrella, Dot consigue un punto y ladra. ¡Qué chulada!

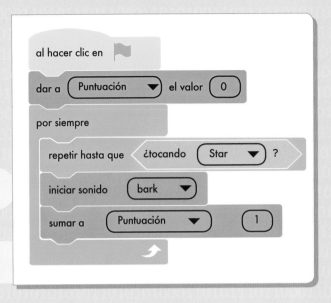

**8** Selecciona el objeto «Star» y mueve los bloques al área de scripts para preparar este. Significa que cada vez que Dot toque la estrella, esta se trasladará a otra posición cualquiera.

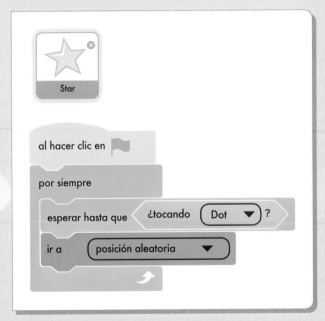

**9** A continuación, debes preparar una nueva variable, igual que en el paso 6. Llámala «Cronómetro».

**10** La estrella necesita este segundo script. Sirve para controlar el cronómetro que aparecerá debajo de «Puntuación» en el escenario. El bloque verde «Cronómetro= 0» está en la sección de Operadores. Está en blanco, así que coloca el rectángulo «Cronómetro» naranja oscuro dentro.

**11** Programa 10, 20, 30 segundos o el tiempo que quieras jugar en el cronómetro. Pulsa sobre la bandera verde para ejecutar el script, coloca el puntero del ratón sobre la estrella a ver **cuántos puntos consigues**. ¡Dile a una amiga que pruebe a ver cuál es el mejor!

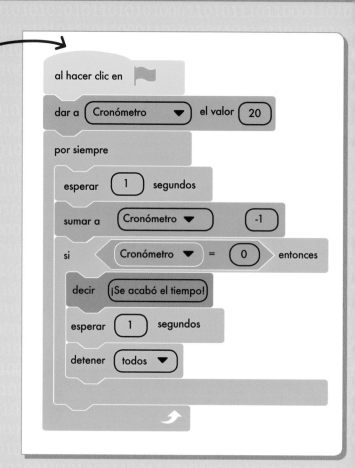

al hacer clic en 🚩

dar a ⬤ Cronómetro ▼ el valor ⬤ 20

por siempre

　esperar ⬤ 1 ⬤ segundos

　sumar a ⬤ Cronómetro ▼ ⬤ -1

　si ◁ Cronómetro ▼ = ⬤ 0 ▷ entonces

　　decir ⬤ ¡Se acabó el tiempo!

　　esperar ⬤ 1 ⬤ segundos

　　detener ⬤ todos ▼

Puntuación 0

Cronómetro 0

# BUCLES

En Scratch, los bloques de control «por siempre» y «repetir» se conocen como «bucles». Se trata de una instrucción para que se siga repitiendo parte de un programa.

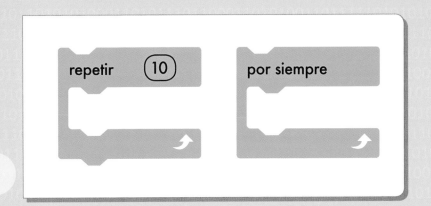

## CONSEJO GENIAL

Si creas un script para un objeto y quieres que se aplique a otro objeto de tu lista, solo tienes que **arrastrarlo y soltarlo** encima de dicho objeto. Pulsa sobre el segundo objeto y verás cómo también tiene ese código.

¡Estamos ejecutando el script «jugar a videojuegos»!

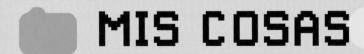

# MIS COSAS

Scratch es un sitio fantástico para explorar los programas de otros usuarias, para compartir scripts, ideas y conocimientos y para hacer preguntas sobre programación.

## INTERFAZ

Desde la interfaz de Scratch, pulsa en tu nombre de usuaria, que aparece en la parte superior derecha y selecciona «Mis cosas». Entrarás a una lista de **todos los proyectos que has creado**. Si has seguido las sugerencias, aparecerán la «Carrera espacial» y el juego del tiburón que persigue al pez.

Pulsa el «Ver dentro» que hay bajo el título de cualquiera de tus proyectos y aparecerá en pantalla. Puedes volver a ejecutar el programa o **hacer cambios** con lo que hayas aprendido desde que lo creaste.

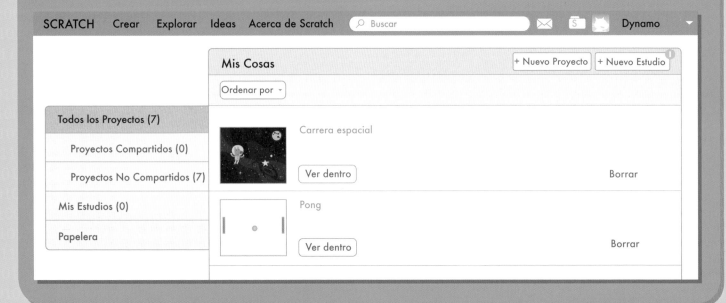

## PÁGINA DE PERFIL

Esta sección te permite hablar un poco de ti. Puedes escribir sobre los proyectos de Scratch en los que estás trabajando y **«seguir»** a otras Scratchers que te gusten.

# PÁGINA DEL PROYECTO

Pulsa en el título de un proyecto de la lista de «Mis cosas» para acceder a la página del proyecto. Aquí podrás compartir el proyecto con la comunidad Scratch para que puedan jugar con él o reutilizarlo. Haz clic en el botón naranja «Compartir» que está en la esquina superior derecha. Hay dos cuadros de texto en los que puedes incluir instrucciones para que la gente entienda y disfrute del proyecto. También puedes permitir que otras usuarias te hagan comentarios al final para saber lo que piensan. Activa la opción «Comentarios deshabilitados» si no quieres incluir esta opción. Cuando sepas manejarte bien en «Mis cosas», la sección «Nuevo estudio» te permitirá analizar un montón de proyectos.

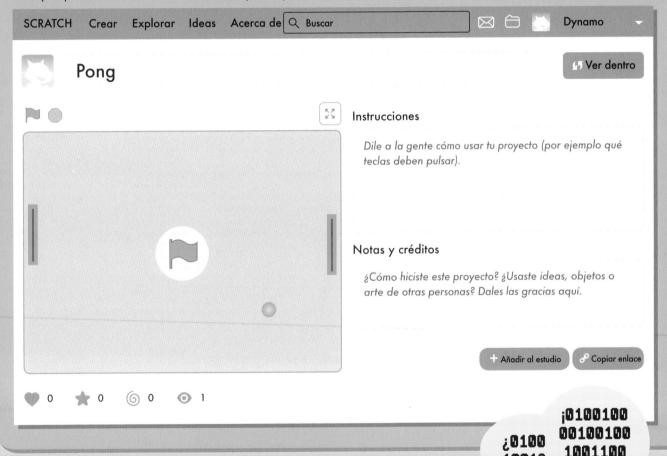

# COMENTA LAS COSAS

Entra en la página web **scratch.mit.edu/discuss** para ver las conversaciones y los foros de Scratch. ¡Encontrarás anuncios del equipo oficial de Scratch, proyectos, ideas, consejos y un montón de cosas más!

# JUEGA AL PONG

El Pong es un juego clásico de arcade. Una pelota se desplaza de un lado al otro de una pantalla y los jugadores mueven una barra arriba y abajo para que la pelota no se pare. Si la barra no para la pelota, el otro jugador consigue un punto. Aquí aprenderás a preparar un script perfecto para jugar al Pong.

**1** Crea un proyecto nuevo y llámalo «Pong». Borra el objeto del gato que aparece por defecto y añade la pelota desde la biblioteca de objetos.

**2** Prepara este script para la pelota (Ball). Pulsa en la bandera verde para ejecutar el script y comprobar si la pelota se mueve de un lado a otro.

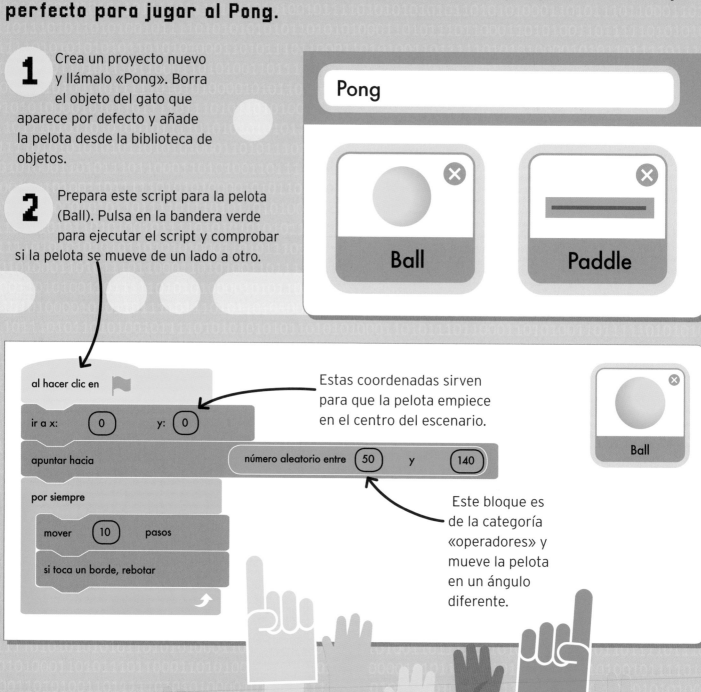

Pong

Ball

Paddle

al hacer clic en 🚩

ir a x: 0 y: 0

apuntar hacia número aleatorio entre 50 y 140

por siempre

mover 10 pasos

si toca un borde, rebotar

Estas coordenadas sirven para que la pelota empiece en el centro del escenario.

Ball

Este bloque es de la categoría «operadores» y mueve la pelota en un ángulo diferente.

**3** Coloca la barra verde (Paddle) en tu lista de objetos. Señala la barra para que esté marcada en azul y pulsa en la pestaña «Disfraces». A continuación, dale a la flecha de la parte superior izquierda del menú. Pulsa con el ratón sobre la flechita azul de dos puntas y sin soltar rota la barra para que quede en vertical en lugar de en horizontal.

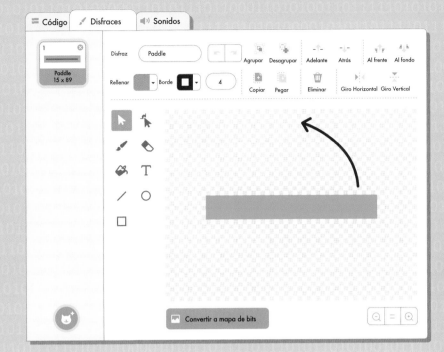

**4** Sigue con la barra verde seleccionada y pulsa en la pestaña «Código» para programar un script. Arrastra estos bloques y lo tendrás.

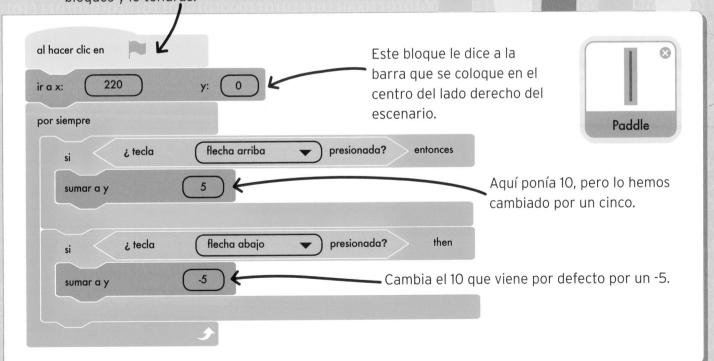

Este bloque le dice a la barra que se coloque en el centro del lado derecho del escenario.

Aquí ponía 10, pero lo hemos cambiado por un cinco.

Cambia el 10 que viene por defecto por un -5.

**5** Las partes que hemos añadido al código, tal y como ves a continuación, sirven para que la barra deje de moverse por el escenario. Para poder incluir el bloque turquesa de sensores «¿tecla flecha arriba presionada?» en el bloque verde de operadores «y», coloca este último junto al script. Después, arrastra el bloque turquesa de sensores «¿tecla flecha arriba presionada?» hasta el primer espacio del bloque verde de operadores «y».

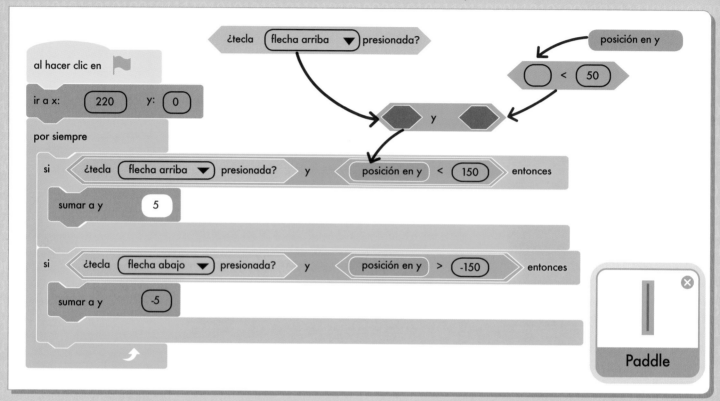

**6** Ahora necesitas un bloque verde de operadores «<50». Colócalo dentro del segundo espacio verde oscuro y cambia el 50 por 150. Repite todo el proceso con el bloque «¿tecla flecha abajo presionada?». Añade «posición en y» en el primer hueco y cambia el 50 por -150. **Recuerda que este valor ha de ser negativo**.

**7** Para jugar al Pong hacen falta dos barras, una a cada lado del escenario. Pincha sobre la barra en la lista de objetos con el botón derecho. Aparecerán las opciones «duplicar», «exportar» y «borrar». Elige «duplicar» y tendrás otra barra exactamente igual. Por defecto, se llamará «Paddle2».

**8** Para programar la segunda barra, selecciona Paddle2 y cambia el primer bloque «ir a x: 220 y: 0» por «-220». Un segundo jugador controlará esta barra. Cambia también donde pone «flecha arriba» y «flecha abajo» por «w» y «x». Ahora, el segundo jugador podrá controlar su barra con dichas teclas.

¡A rebotar!

Pong se presentó en 1972. Es obra de la empresa Atari y fue uno de los primeros videojuegos de la historia. Todavía no había ordenadores en todas las casas, así que se jugaba en una máquina en los recreativos. Tres años después, salió una edición para jugar en casa. ¡Había comenzado la revolución de los videojuegos!

**9** Ahora tienes que hacer que la barra le dé a la pelota y que la mande en otra dirección. Selecciona la pelota para entrar en el script del paso 1 y añádele los bloques «si», «tocando» y «apuntar en dirección». En el bloque «tocando», cambia «puntero del ratón» por «Paddle». Para que el bloque «apuntar en dirección» quede como en la imagen, tienes que colocar un bloque verde de operadores de multiplicación donde pone «90». Ahora, incluye un bloque «dirección» en el segundo hueco y cambia el valor por -1..

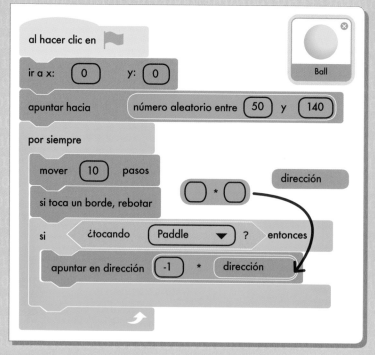

**10** Tienes que retocar el script de la pelota para que también rebote cuando toque la segunda barra. Entra en dicho script y saca el bloque «¿tocando Paddle?» a un lado dentro del área de scripts. Métele en el primer hueco de un bloque verde de operadores «o» para que quede como en la imagen. Busca otro bloque «¿tocando puntero de ratón?» y cámbialo por «Paddle2» en el desplegable. Arrastra el bloque al otro hueco del bloque de operadores «o». Coloca todo el conjunto de nuevo en el script de la pelota, en la sección «si», como verás a continuación.

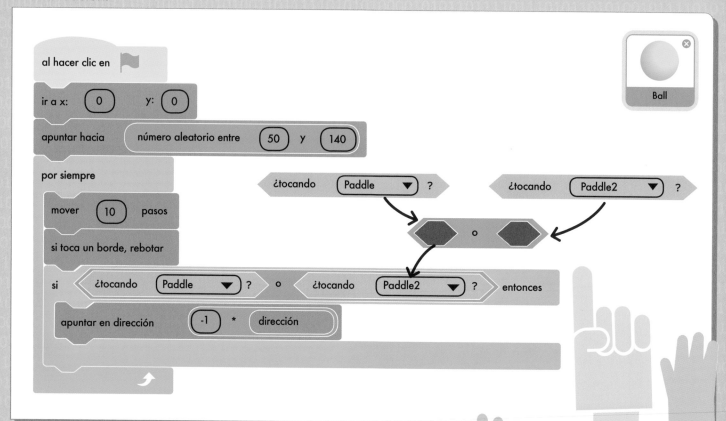

Es hora de **añadirle un marcador** al Pong. El programa tiene que entender que, si la pelota sobrepasa la barra de la derecha, el Jugador 2 consigue un punto. Si sobrepasa la barra de la izquierda, el punto es para el Jugador 1.

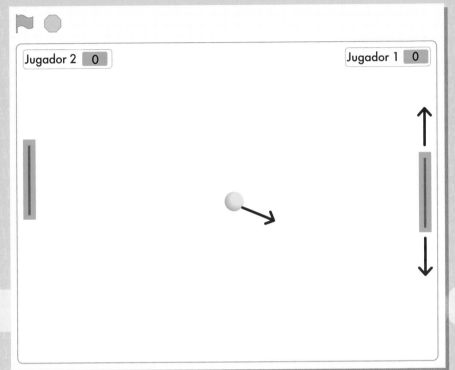

**11** Selecciona el script de la pelota. En el escenario, pulsa en la pelota y arrástrala hasta que esté casi tocando el lado derecho de la pantalla. Después, marca la casilla «posición x» del bloque de movimiento. Ahora, aparece en la parte superior del escenario **la posición X de la pelota**.

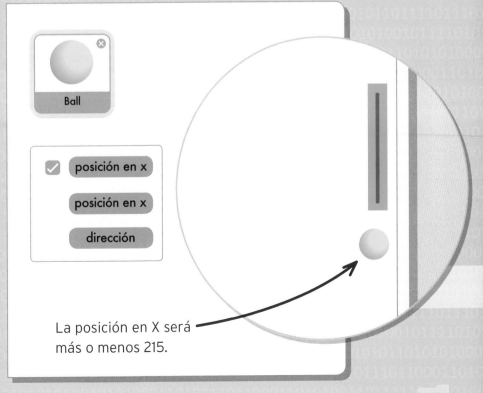

La posición en X será más o menos 215.

**12** Añade lo que aparece a continuación al script de la pelota para completar el programa. Así conseguimos que, si la pelota toca los extremos derecho o izquierdo de la pantalla, se sume un punto.

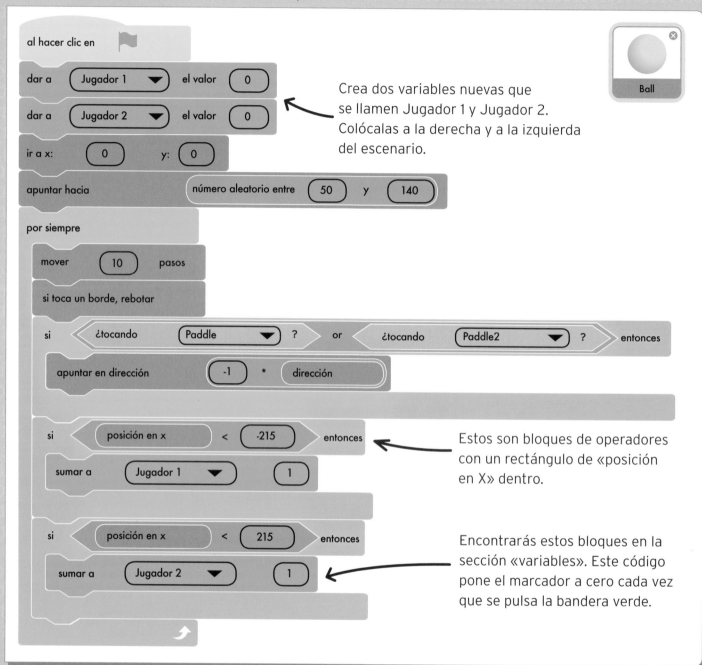

al hacer clic en 🏳

dar a [Jugador 1 ▼] el valor (0)

dar a [Jugador 2 ▼] el valor (0)

Crea dos variables nuevas que se llamen Jugador 1 y Jugador 2. Colócalas a la derecha y a la izquierda del escenario.

Ball

ir a x: (0) y: (0)

apuntar hacia (número aleatorio entre (50) y (140))

por siempre

　mover (10) pasos

　si toca un borde, rebotar

　si ⟨¿tocando (Paddle ▼)?⟩ or ⟨¿tocando (Paddle2 ▼)?⟩ entonces

　　apuntar en dirección ((-1) * (dirección))

　si ⟨(posición en x) < (-215)⟩ entonces

　　sumar a [Jugador 1 ▼] (1)

Estos son bloques de operadores con un rectángulo de «posición en X» dentro.

　si ⟨(posición en x) < (215)⟩ entonces

　　sumar a [Jugador 2 ▼] (1)

Encontrarás estos bloques en la sección «variables». Este código pone el marcador a cero cada vez que se pulsa la bandera verde.

**13** Puedes crear un «evento» para que la pelota aparezca en el centro del escenario cada vez que alguien consiga un punto. Para ello, divide el script de la pelota en dos trozos. Corta después del bloque «ir a x: 0 y: 0».

**14** Arrastra un bloque amarillo de eventos «enviar mensaje1» y colócalo debajo de la parte del script que empieza por la bandera verde. Pulsa en «mensaje1» y escribe un mensaje nuevo: «¡Empezad!».

**15** Añade un «al recibir "¡Empezad!"» y un «ir a x: 0 y: 0» al principio del segundo trozo de script, como en la imagen. Coloca dos «enviar «¡Empezad!»» al final de los dos últimos bloques de «si», como verás a continuación. Ejecuta el programa y, cuando alguien consiga un punto, la pelota se moverá al centro del escenario.

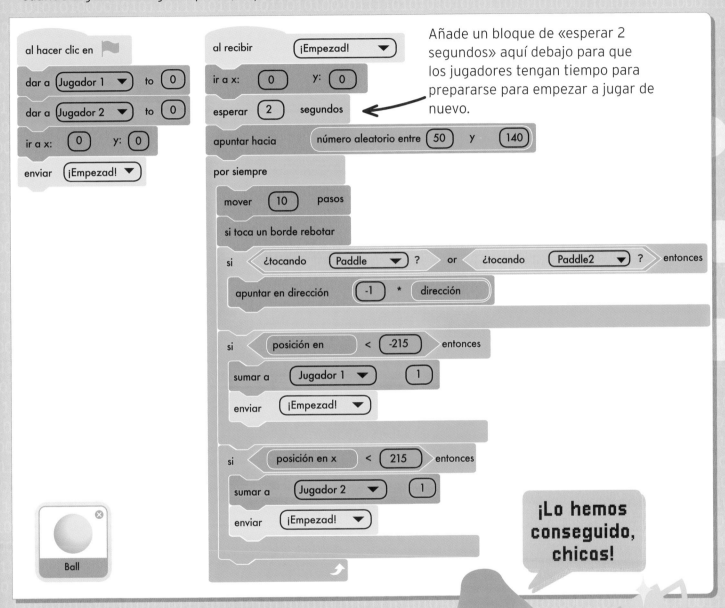

Añade un bloque de «esperar 2 segundos» aquí debajo para que los jugadores tengan tiempo para prepararse para empezar a jugar de nuevo.

¡Lo hemos conseguido, chicos!

Investiga y experimenta con tu juego de Pong. Añade un fondo, que puede ser un túnel de neón o una pared para que quede todavía más chulo. Puedes poner también un cronómetro (ver página 32) para darle aún más emoción. Edita la velocidad a la que se mueve la pelota, cuánto se mueven las barras y hasta su tamaño.

# UN PASO MÁS EN SCRATCH

Si tu ordenador tiene webcam, Stratch puede usar el sensor de vídeo para hacer cosas chulísimos. ¡Con solo mover la mano delante de la cámara, puedes poner música, hacer que un gato maúlle o explotar un globo!

Pulsa en el botón «Añadir extensión» de la parte inferior izquierda de la interfaz. Aparecerán varias opciones como música, lápiz o traducir. Haz clic en «Sensor de vídeo» y aparecerá este icono en la parte izquierda de la pantalla.

Sensor de vídeo

Se encenderá la webcam y aparecerán nuevos bloques dentro de la nueva sección.

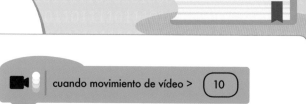

cuando movimiento de vídeo > 10

movimiento ▼ de vídeo en objeto ▼

encender ▼ vídeo

fijar transparencia de vídeo a 50

Cat

## MUEVE LA MANO

Selecciona el objeto del gato y arrastra estos dos bloques al área de scripts. Mueve la mano (¡o la cabeza!) hacia el gato delante de la webcam, donde suele estar el escenario, y el gato maullará. Qué monada, ¿eh?

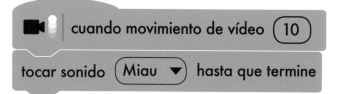

cuando movimiento de vídeo 10

tocar sonido Miau ▼ hasta que termine

Cambia el 10 del bloque «cuando movimiento de vídeo» a 50 o 90. Verás que cambia la sensibilidad del sistema y que tendrás que mover la mano con más fuerza o más cerca para que el gato maúlle.

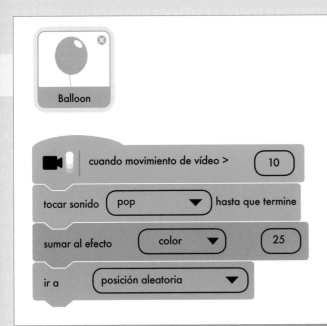

## GLOBOS DIVERTIDOS

Borra el objeto del gato y busca el globo en la biblioteca de objetos. Cuando lo hayas seleccionado, prepara este script. Ejecútalo y, cada vez que muevas la mano, explotará un globo, se oirá un ruido y aparecerá otro globo de otro color en otro sitio. Aumenta el número del «cuando movimiento de vídeo» para que la webcam sea menos sensible.

## BALONCESTO

El sensor de vídeo te permite desplazar objetos por el escenario. Abre un proyecto nuevo. Borra el objeto del gato y selecciona el balón de baloncesto. Selecciona el objeto y crea este script.

Cambia las coordenadas de «ir a x: y:» a cero. Para conseguir el bloque «apuntar en dirección "dirección" de vídeo en objeto», coloca el bloque verde sobre el 90 y suéltalo.

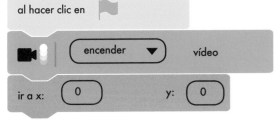

Mueve las manos delante del balón y muévelo por el escenario. ¡Pídele a alguien que se ponga contigo delante de la webcam para pasaros el balón!

47

# ROCK AND ROLL

Scratch puede ayudarte a hacer realidad tu sueño de convertirte en una estrella del rock. Abre un proyecto nuevo y borra el gato. En la biblioteca de objetos, pincha en la opción «Música» y **selecciona dos tambores** para añadirlos a tu lista de objetos. En este ejemplo, hemos usado los que se llaman «Drum» y «Drum Kit».

Pulsa sobre uno de los objetos y prepara este script. Cambia las opciones de disfraz del tambor (Drum), que son, en este caso, «drum-b» y «drum-a». Haz exactamente lo mismo con el otro objeto sin olvidarte de **cambiar el disfraz**.

Coloca el tambor y la batería en sendas esquinas del escenario. Cuando **muevas la mano por encima, sonarán** y se moverán como si los estuvieran tocando. ¡Rock and roll, chicas!

Drum

cuando movimiento de vídeo > 30

iniciar sonido    High Tom

cambiar disfraz a    drum-b

esperar  .3  segundos

cambiar disfraz a    drum-a

Drum Kit

cuando movimiento de vídeo > 10

iniciar sonido    Low Tom

cambiar disfraz a    drum-kit–b

esperar  .3  segundos

cambiar disfraz a    drum-kit-a

# ESPÁNTALO

¡Hay una forma muy chula de espantar algo terrorífico! Gracias a los bloques morados de apariencia que sirven para cambiar los efectos, **el sensor de vídeo consigue que los objetos desaparezcan poco a poco** de la pantalla. Escribe este programita para que fantasmas y espíritus se desvanezcan...

**1** Crea un nuevo proyecto que se llame «Adiós terrorífico» y selecciona el objeto del fantasma. El programa funcionará con cualquier objeto, pero es divertido empezar con el fantasma.

**2** Una vez que hayas seleccionado el objeto, arrastra estos dos bloques al área de scripts. En este bloque de apariencia, aparecerá por defecto la opción «color». Cámbiala por «desvanecer» en el desplegable.

**3** En la sección «Variables», usa el botón «Crear variable» para hacer una nueva y llámala «Eliminar». La nueva opción aparece en un rectángulo naranja, justo encima de «Mi variable».

**4** Entra en la sección del sensor de vídeo y prepara otro script para el objeto con el bloque «cuando movimiento de vídeo > 10» y copia el resto de la imagen siguiente. El bloque «sumar al efecto desvanecer 10» viene por defecto con un 25 en el menú de bloques de apariencia de la izquierda.

**5** Para crear el bloque «si eliminar >95 entonces», arrastra los tres bloques que lo componen al área de scripts. Suelta «eliminar» sobre el hueco del bloque verde de operadores y cambia el número a 50. Después, puedes introducir el conjunto en el bloque «si... entonces».

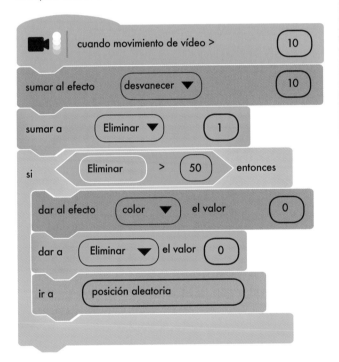

**6** Pulsa el botón de la bandera verde para ejecutar el programa. Pasa la mano por encima del fantasma y este se irá desvaneciendo poco a poco. ¡Impresionante!

# LA HORA DEL CUENTO

Scratch te permite crear tu propia historia. Puedes contar lo que te apetezca, sobre el espacio, deportes, historia o algo sobre ti misma, gracias a los objetos y los fondos de Scratch. ¡Tu imaginación cobrará vida con esta mezcla de texto, sonido y animaciones!

## ¡Utiliza esta página para preparar el argumento!

**Señala uno de estos elementos o escribe el que tú quieras:**

Castillo      Bosque      La Luna      Selva      Colegio

**Nombre del personaje 1:**

**Nombre del personaje 2:**

**Escenario 2:**

Castillo      Bosque      La Luna      Selva      Colegio

**Animal:**

Búho      Tigre      Escarabajo

Escribe algunas ideas para el argumento...

# CUENTO

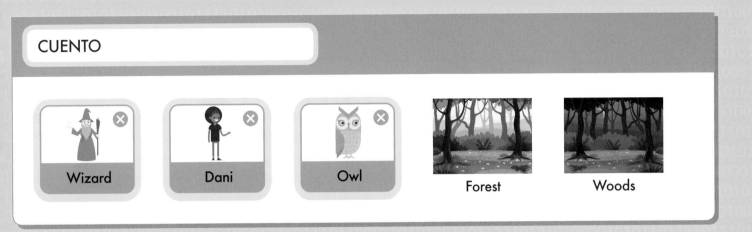

| Wizard | Dani | Owl | Forest | Woods |

**1** Abre un proyecto nuevo y llámalo «Cuento». Borra el objeto del gato y selecciona un fondo nuevo de la biblioteca. Aquí hemos elegido el fondo «Forest» (Bosque).

**2** Selecciona dos objetos cualesquiera, por ejemplo, al mago (Wizard) y a Dani. Puede que los objetos no se miren. Haz clic en el objeto para girarlo y que mire en otra dirección. Después, pulsa en la pestaña «Disfraces» y dale al botón de las dos flechitas que se apuntan entre sí.

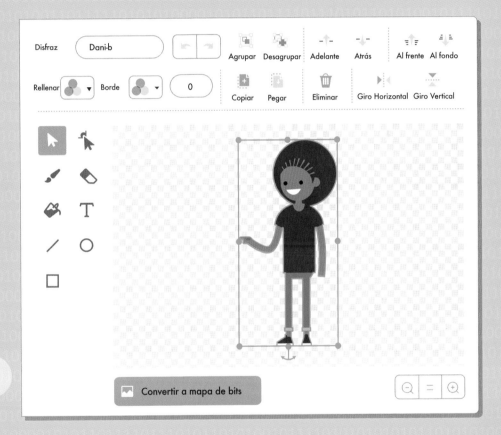

**3** Selecciona el objeto con el que quieres empezar el cuento. No te olvides de entrar en la pestaña «Código» del objeto que elijas. En el caso del objeto del mago, **escribe lo que quieras** en el bloque de apariencia «decir» **encima del «¡Hola!»**.

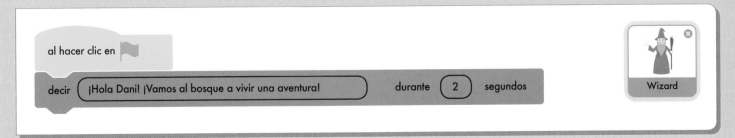

**4** Pulsa sobre el otro objeto. Prepara el mismo script que en el paso 3, pero esta vez, escribe una frase para contestar al mago. Añade un bloque de «esperar 1 segundos» y cambia el número a «2 segundos». Ejecuta el script y verás cómo los **objetos hablan entre sí** con un bocadillo.

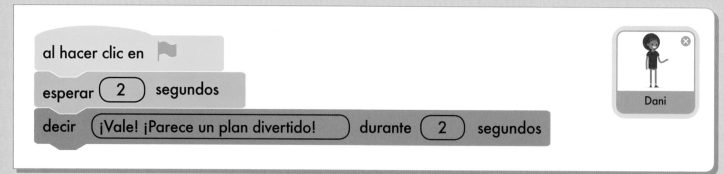

Ahora puedes poner los objetos en otro sitio y seguir con la historia. Selecciona otro fondo. Por ejemplo, «Woods».

**5** Selecciona el objeto «Wizard» y añade este código en el área de scripts. Selecciona «Forest» y «Woods» en cada uno de los bloques de «cambiar fondo». Ejecuta el programa y el fondo cambiará.

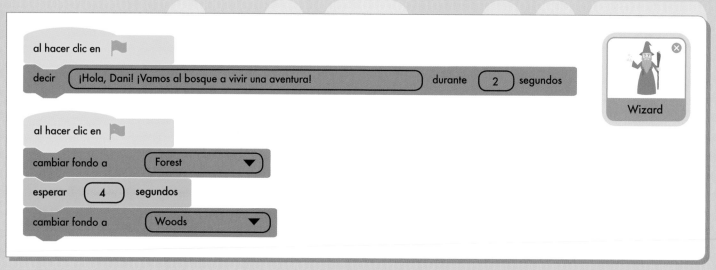

**6** A continuación, crea una transición para separar ambas escenas. Haz clic en el botón «Elige un fondo» situado en la parte inferior derecha y pulsa en «Pinta».

**7** Haz clic en la herramienta «T» y escribe «Unas horas más tarde...» en el centro del fondo en blanco. La herramienta de la flecha sirve para ampliar el cuadro de texto. Ponle de nombre: «Transición».

*¡A pasear!*

Aquí puedes investigar las distintas fuentes, tamaños y colores del texto.

**8** Pulsa sobre el objeto del mago y, dentro de la pestaña «Código», amplía el script que ya tienes como verás a continuación.

La escena empieza en el escenario «Forest», sigue con la transición y continúa en «Woods».

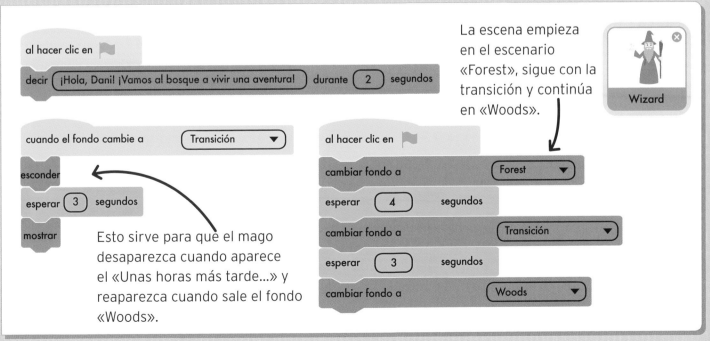

Esto sirve para que el mago desaparezca cuando aparece el «Unas horas más tarde...» y reaparezca cuando sale el fondo «Woods».

**9** Repite este paso con Dani. Este objeto también tiene que esconderse y mostrarse. Ejecuta el script. Con estas reglas e instrucciones tan sencillas, puedes añadir nuevos diálogos y fondos que te gusten.

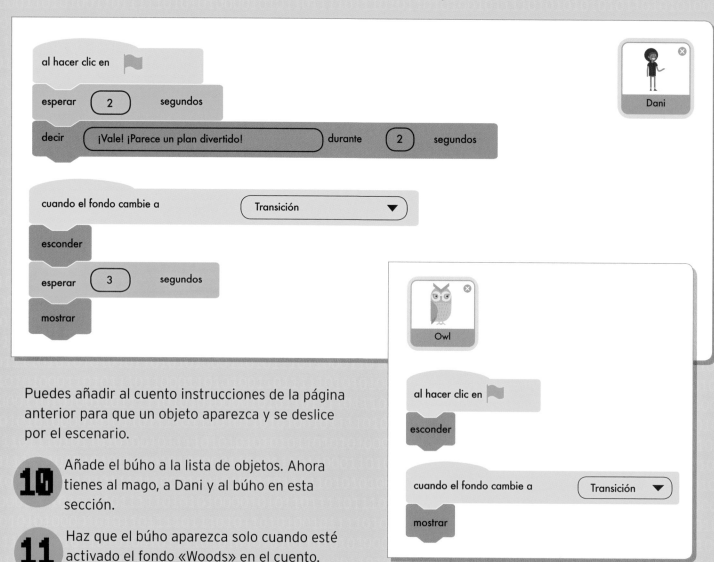

Puedes añadir al cuento instrucciones de la página anterior para que un objeto aparezca y se deslice por el escenario.

**10** Añade el búho a la lista de objetos. Ahora tienes al mago, a Dani y al búho en esta sección.

**11** Haz que el búho aparezca solo cuando esté activado el fondo «Woods» en el cuento. ¡Estos dos trocitos de instrucciones sirven para que haga justo eso!

**12** Selecciona el objeto del búho. Pulsa sobre el búho en el escenario y arrástralo hasta la parte superior izquierda del mismo. A continuación, pulsa en la sección movimiento. Las coordenadas X e Y indican ahora la posición del búho.

**13** Añade este bloque de movimiento al script. El búho aparece en la parte superior cuando el fondo cambia a «Woods».

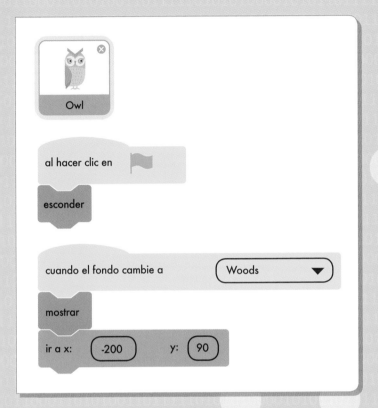

Owl

al hacer clic en 🏳

esconder

cuando el fondo cambie a | Woods ▼

mostrar

ir a x: -200  y: 90

**14** Pulsa sobre el búho del escenario y arrástralo hasta Dani. Las coordenadas X e Y del búho cambiarán en los bloques de movimiento que están en la parte izquierda de la interfaz.

**15** Arrastra el bloque «deslizar en 1 segs a x y», que tendrá unas coordenadas distintas a las del primer bloque de movimiento del script. Después, completa el programa como verás a continuación. **Dale a la bandera verde. Verás que el búho aparece y después vuela hasta donde está Dani.**

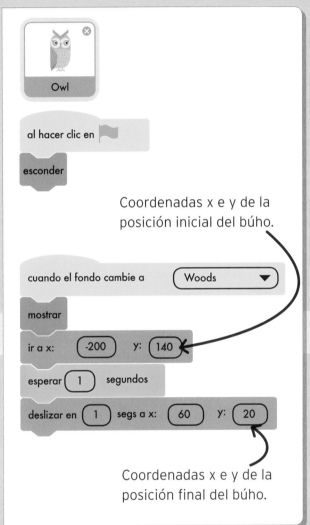

Owl

al hacer clic en 🏳

esconder

Coordenadas x e y de la posición inicial del búho.

cuando el fondo cambie a | Woods ▼

mostrar

ir a x: -200  y: 140

esperar 1 segundos

deslizar en 1 segs a x: 60  y: 20

Coordenadas x e y de la posición final del búho.

¡TACHÁN!

# DOMINAR SCRATCH

¡Ahora que ya sabes cómo funciona Scratch y todo lo que puedes hacer programando, te proponemos un par de ideas más para que las pruebes e investigues!

## GRABA SONIDOS

Es sencillo añadirle un sonido que has grabado a un script. Elige un objeto y después pincha en la pestaña «Sonidos», que está en la parte superior izquierda de la interfaz.

Pulsa el botón rojo «Grabar» y haz el sonido que tú quieras. Dale a «Guardar» y **ponle nombre al nuevo sonido**. Después, dale al intro del teclado.

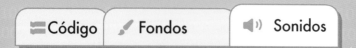

Selecciona «Grabar» en el menú que está en la parte inferior izquierda de la interfaz.

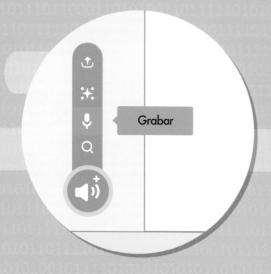

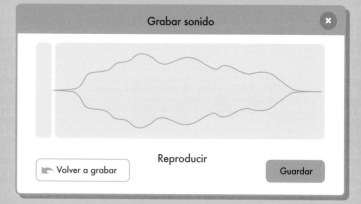

Este nuevo sonido puede seleccionarse en el menú desplegable del bloque morado de sonido y añadirse a tu script.

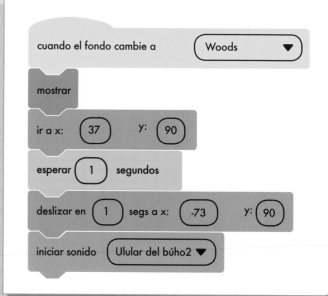

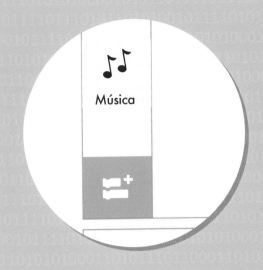

## TEXTO A VOZ

Los objetos pueden hablar gracias a la opción «Texto a voz» que encontrarás en la sección de «Extensiones». Inicia un proyecto nuevo y selecciona un objeto. Después, **añade el diálogo del objeto** con estos dos bloques tan sencillos. Utiliza todo lo que has aprendido en este libro para programar una historia en la que los personajes hablen.

## CREA MÚSICA

Abre la opción «Música» a través del botón de las «Extensiones» para **crear tus propios sonidos** y melodías. Este script es un ejemplo que utiliza distintos instrumentos de percusión y los toca en bucle a gran velocidad. ¡Prueba las ideas musicales que se te ocurran y añádelas a los juegos!

¡La, la, la, la! ¡Crear música es una maravilla!

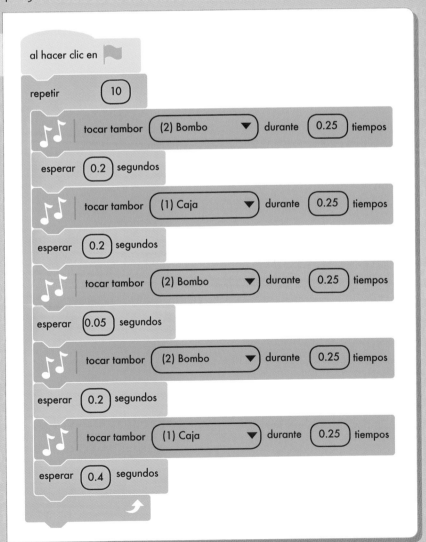

# >>> PYTHON

Python es otro lenguaje de programación. Es más complicado, pero es muy eficaz y ofrece muchas posibilidades una vez que lo conoces. Grandes empresas y corporaciones como Google, Netflix o el Ministerio de Sanidad de Gran Bretaña lo utilizan.

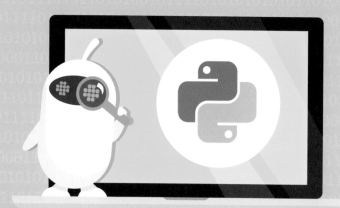

Python utiliza texto, es decir, letras, números, signos de puntuación y símbolos en lugar de bloques. Es necesario escribir el código de Python correctamente para que el ordenador lo comprenda. ¡Mayúsculas, paréntesis y puntos deben estar en el sitio adecuado! Utiliza un programa que se llama IDLE, que son las siglas de Integrated Development and Learning Environment (entorno de aprendizaje y desarrollo integrados). IDLE cuenta con un editor de texto en el que puedes escribir programas o cambiarlos.

## ¡RAZONES POR LAS QUE PYTHON MOLA!

**1** ¡Es gratis! Igual que en el caso de Scratch, puedes descargarte Python sin coste alguno. El programador holandés Guido van Rossum desarrolló este lenguaje a principios de los noventa.

**2** Es muy sencillo utilizarlo tanto en entorno Windows como en Mac.

**3** Hay muchísimas bibliotecas de programas. Muchas veces, es más rápido buscar uno que hacerlo tú misma.

# INSTALACIÓN

Es necesario descargarse e instalarse Python en el ordenador. Ve a la página **www.python.org**, pulsa en la sección «Downloads», que está en el menú superior, y después en Windows o Mac, dependiendo del ordenador que tengas.

## WWW.PYTHON.ORG

Sigue paso a paso las instrucciones de descarga. Pídele permiso a la dueña del ordenador antes de hacerlo. A lo mejor necesitas que te escriba una contraseña para permitir la descarga y que te ayude a seguir las instrucciones.

El archivo se descargará y, llegado un punto, tendrás que hacer doble clic en el archivo de instalación. Verás esto más o menos, dependiendo de si tienes un PC o un Mac.

Luego, verás el icono de IDLE. Si la descarga se realiza con éxito, se abrirá la ventana de Python y aparecerá algo parecido a esto.

Python 3.7.2 Shell

```
Python 3.7.2 (v3 7.2:9a3ffc0492, Dec 24 2018, 02:44:43)
[Clang 6.0 (clang-600.0.57] on darwin
Type "help", "copyright", "credits" or "license()" for more information.
>>>
```

# > JUEGA CON PYTHON

Ahora que ya te lo has instalado, abre IDLE en tu ordenador. Python tiene dos ventanas: la ventana de programación y la ventana «Shell». Son muy parecidas, pero es importante que sepas cuál es cuál y que las tengas separadas en la pantalla del ordenador.

## > VENTANA SHELL

Python 3.7.2 Shell

```
Python 3.7.2 (v3 7.2:9a3ffc0492, Dec 24 2018, 02:44:43)
[Clang 6.0 (clang-600.0.57] on darwin
Type "help", "copyright", "credits" or "license()" for more information.
>>>
```

Al abrir IDLE, primero tiene que aparecer la ventana «Shell». Aunque eres principiante, debes saber que tienes que escribir el código en la ventana de programación y que lo que el programa te devuelve (el resultado del programa) aparece en la ventana «Shell». Si programas en Python en la ventana «Shell», el resultado aparece de inmediato.

En la ventana «Shell», pulsa en «File» en el menú superior y después, crea un archivo nuevo con «New File».

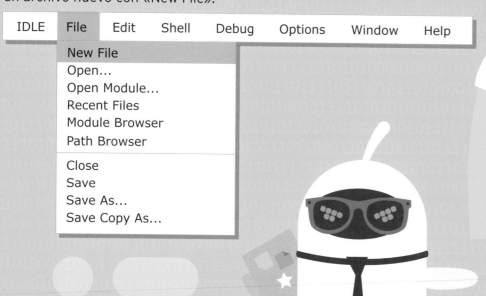

## > VENTANA DE PROGRAMACIÓN

Aparecerá la ventana de programación. Escribe lo siguiente:

```
print ('¡Buenos días, Python!')
```

Ln: 1  Col:29

Escribir «print» es la misma orden que la del bloque «decir» de Scratch. Es importante escribirlo en minúsculas.

Pon comillas sencillas en el interior del paréntesis y después, escribe dentro lo que quieras que diga el programa.

Una vez que hayas escrito este programita, pulsa en «File» y guárdalo con «Save As». Llama al archivo «BuenosDías». A continuación, ve a la pestaña «Run» («Ejecutar») y pulsa en «Run Module» («Ejecutar módulo»).

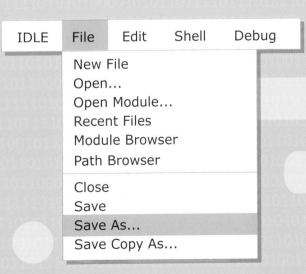

| IDLE | File | Edit | Format | Run | Options | Window | Help |

Python Shell
Check Module
**Run Module**

Lo que has escrito aparecerá en la ventana Shell. ¡Bien hecho! ¡Has programado y ejecutado tu primer programa en Python!

```
¡Buenos días, Python!
>>>
```

El programa no se ejecutará correctamente a no ser que lo hayas guardado después de escribirlo en la ventana de programación. No te olvides de guardar tu trabajo de vez en cuando. Es posible que te salga un mensaje de error cuando le des a «Run Module». Por lo general, esto quiere decir que has cometido un error de gramática o una errata en el código. Hasta el error más pequeño, como poner punto en lugar de coma, impedirá que el programa funcione. **Escríbelo todo siempre con mucha atención.**

| IDLE | File | Edit | Shell | Debug |

New File
Open…
Open Module…
Recent Files
Module Browser
Path Browser

Close
Save
Save As…
Save Copy As…

# > JUEGA CON LAS PALABRAS

Python es un lenguaje de programación, así que tendrás que entenderlo, que aprender a escribirlo correctamente y que preparar instrucciones. Aquí tienes una lista de palabras y comandos básicos. Te explicamos su función para que te hagas una idea del aspecto que tiene Python y de cómo funciona.

**1**
```
print ('¡Hola a todos!')
```
= las palabras que aparecen entre comillas y entre paréntesis aparecen en tu programa.

**2**
```
while True:
    print ('¡Hola!')
```
Pon aquí una tabulación

= decir «hola» sin parar, como en el bucle «por siempre» de Scratch.

**3**
```
for i in range (10):
    print ('¡Hola!')
```
Pon aquí una tabulación

= es una repetición en bucle. Va a decir «¡Hola!» diez veces.

**4**
```
from time import sleep
sleep (5)
```
= esperar 5 segundos.

**5**
```
player_1 = 0
```
= Le da a una variable (player_1) el valor 0.

**6**
```
player 1 = player 1 + 1
```
= aumenta en 1 el valor de la variable.

**7**
```
==
```
= «es igual a» un operador. (¿Recuerdas cómo se utilizan los operadores de Scratch con los bloques verdes de operadores?)

**8**

```
<
```

= «menor que» un operador.

**9**

```
>
```

= «mayor que» un operador.

**10**

```
<=
```

= menor o igual que un operador.

**11**

```
>=
```

= mayor o igual que un operador.

**12**

Pulsa intro en el ordenador después de escribir esta línea

```
from random import randint
randint(1,1000)
```

Pulsa intro después de esta línea. Python seleccionará un número al azar entre 1 y 1000. Estos números pueden cambiarse.

= añadir una función aleatoria.

**CONSEJO GENIAL**

La tecla F5 es un atajo para el comando de ejecución «Run». Cuando estés en la ventana de programación, pulsa esta tecla para ejecutar el script.

**13**

```
from turtle import *
```

= permite acceder a los comandos y los controles de turtle (tortuga), un módulo de Python que sirve para dibujar.

**14**

```
a='¡Por favor!'
b='dame'
c='de comer'
print(a,b,c)
```

a, b y c pueden ser las palabras que tú quieras

=une tres variables. Cuando lo escribes, en la ventana Shell aparece la frase «¡Por favor, dame de comer!».

# > CÁLCULO NUMÉRICO

Se pueden escribir programas avanzados de Python para hacer cálculos complicados y resolver problemas matemáticos. Muchas empresas lo utilizan para resolver ecuaciones y sumas. Aquí aprenderás lo básico: a sumar, restar, multiplicar y dividir.

Escribe el programa de cálculo siguiente en la **ventana Shell**. Abre IDLE en tu ordenador y aparecerá una pantalla como esta. Escribe los números que aparecen a continuación después de las «>>>» y pulsa «intro» para obtener el resultado **(solución).**

```
>>> 12345 + 567654
579999
```
¡Solución!

La tecla «-», la habitual del teclado, indicará que es una resta. Las teclas «/» y «*» son las que sirven para dividir y multiplicar. Haz pruebas con las cuatro operaciones. Verás qué rápido genera Python la respuesta.

- = resta
/ = división
* = multiplicación

Este texto escrito en Python, en la ventana Shell, también hace sumas. Se diferencia de lo que vemos en una calculadora normal porque escribe toda la suma.

```
>>> num1 = 1.5
>>> num2 = 6
>>> sum = float(num1) + float(num2)
>>>> print('La suma de {0} y {1} es {2}'.
format(num1, num2, sum))
La suma de 1.5 y 6 es 7.5
```
Pulsa intro después de esta parte.

Utiliza paréntesis en el código de matemáticas de Python, igual que en el ejemplo. Así calculará la suma del paréntesis y luego, el resto del comando.

```
>>> (10 / 10) * 10
10.0
```

```
>>> 345 * (2 + 2)
1380
```

Aquí tenemos un ejemplo de lo que hace Python con los cálculos matemáticos complicados: ¡cosas que Scratch no es capaz de hacer! Escribe este código en la ventana Shell. Calcula la raíz cuadrada de 9, 16 y 100. La raíz cuadrada de un número es otro número que da el número inicial al multiplicarse por sí mismo. Por ejemplo, la raíz cuadrada de 9 es 3, porque 3 x 3 es igual a 9.

```
>>> import math
>>> value1 = 9
>>> value2 = 16
>>> value3 = 100
>>>
>>> print(math.sqrt(value1))
3.0
>>> print(math.sqrt(value2))
4.0
>>> print(math.sqrt(value3))
10.00
```

Esta frase te da acceso a los comandos matemáticos de Python.

Pulsa intro aquí para obtener la solución a cada operación.

¡Hay números POR TODAS PARTES, así que cuanto más los entendamos, mejor!

# > ENTRA EN LA BIBLIOTECA

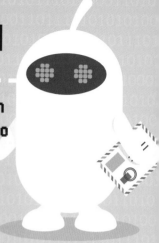

Puedes utilizar programas de Python que ya existen. Están en unos módulos llamados «bibliotecas». Esto te ahorra el tiempo de tener que escribir el código desde cero. En este libro, ya hemos hablado de algunas bibliotecas, como «Turtle» y las bibliotecas de matemáticas. Aquí tienes una lista de las bibliotecas más usadas y de lo que te ofrecen.

### >>> PYGAME

Este módulo tan interesante te ayuda a programar videojuegos para el ordenador. Te abre la puerta a un mundo de gráficos, sonidos y otros efectos muy chulos.

### >>> TIME

Además de decirte la fecha y la hora, este módulo te puede contestar a preguntas tipo «¿Qué día será dentro de 267 días?». «Datetime» (Fecha y hora) y «Calendar» (Calendario) son otros módulos parecidos.

### >>> TKINTER

Las programadoras más expertas usan el módulo Tkinter para conectar a las usuarias con otros programas.

### >>> SOCKET

El módulo Socket sirve para que varios ordenadores se conecten en red o a través de internet. Permite navegar por internet usando un servidor y un cliente.

### >>> MAILBOX

Este módulo, igual que otros similares, ayuda a los programadores a acceder a los buzones de entrada del email y a los mensajes que contienen.

### >>> WXPYTHON

Es un tipo de interfaz gráfica, GUI por sus siglas en inglés, que los programadores de Python utilizan para añadir widgets. Los widgets son pequeños programas de cuadros de texto e imágenes.

### >>> WINSOUND

Si tienes un ordenador con Windows, winsound te da acceso a gran cantidad de sonidos básicos, tales como un simple «bip».

### >>> CSV

Son las siglas inglesas de «Valores separados por comas». Se trata de un módulo muy popular cuando trabajas con hojas de cálculo y bases de datos en Excel.

```
>>> import time
```

Para utilizar los comandos de la biblioteca, solo tienes que escribir al principio del código, en la ventana de programación, «import» y el nombre de la biblioteca a la que quieres acceder

# LISTA DE USO DE LA BIBLIOTECA

**¡Marca las bibliotecas que has utilizado y, después, escribe qué es lo que más te ha gustado de cada una!**

- **Pygame**

- **Time**

- **Tkinter**

- **Socket**

- **Mailbox**

- **Wxpython**

- **Winsound**

- **CSV**

# > VARIABLES Y CADENAS

Las variables y las cadenas son dos elementos importantes para programar en Python. Son distintos datos que componen instrucciones en un script. Los números y los datos boleanos (un valor que es verdadero o falso) son dos ejemplos.

## >>> CADENAS

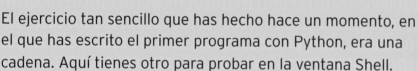

Si tienes una lista de caracteres escrita en un orden concreto en el programa, tienes una cadena. Los caracteres pueden ser letras, números, signos de puntuación o símbolos; cualquier cosa que se pueda escribir con el teclado. Las cadenas pueden delimitarse por comillas dobles o simples, pero usa las mismas (dobles o sencillas) en todo el programa. No obstante, es más claro utilizar comillas simples.

El ejercicio tan sencillo que has hecho hace un momento, en el que has escrito el primer programa con Python, era una cadena. Aquí tienes otro para probar en la ventana Shell.

```
>>> a = '¿Que hora es?'
>>> b = '¡Son casi las 5.30pm!'
>>> c = 'El partido empieza a las 5.30pm.
¡Nos tenemos que ir!'
>>> d = a + b + c
>>> print(d)

¿Qué hora es? ¡Son casi las 5.30!

El partido empieza a las 5.30pm.

¡Nos tenemos que ir!
```

Esto es un ejemplo de cómo se puede crear una cadena para que el programa devuelva algo concreto. Las tres cadenas a, b y c se suman para crear la variable «d».

# >>> CONSEJO PARA LAS CADENAS

No utilices apóstrofes cuando escribas una cadena. Python entendería que es un comando, como cuando escribes una comilla simple (') Para dejarlo claro usa el símbolo «/» antes del apóstrofe.

Python puede decirte qué clase de datos componen tu programa. Seguimos con el ejemplo anterior. Escribe la frase nueva y pulsa intro.

```
>>> a = '¿Que hora es?'
>>> b = '¡Son casi las 5.30pm!'
>>> c = 'El partido empieza a las 5.30pm. ¡Nos tenemos que ir!'
>>> d = a + b + c
>>> print(d)

¿Qué hora es? ¡Son casi las 5.30!
El partido empieza a las 5.30pm.
¡Nos tenemos que ir!

>>> type('a')
<class 'str'>
```

La «clase 'str'» significa que los datos son una cadena.

Escribe el comando «type» seguido del dato que hayas utilizado. En este caso, una «a».

# >>> VARIABLES

En Python, una variable es un sitio que te permite nombrar y almacenar información de un texto o un número. Puedes convertir una cadena en una variable dándole un valor concreto. Una variable debe ir seguida del signo igual del teclado (=) y del valor de la variable.

```
>>> length = 5
>>> width = 10
>>> area = length * width
>>> print('El resultado es', area)
El resultado es 50
```

Esta cadena tiene como variable el 5.

Esta cadena tiene como variable el 10.

Le hemos dicho a Python que nos calcule el tamaño del área.

Significa que para calcular el área, hay que multiplicar el largo por el ancho.

# JUEGO: ADIVINA EL NÚMERO

Aquí tienes un programa de Python más largo para que hagas pruebas. Es posible que te parezca confuso, pero una vez que lo entiendas bien, ¡todo tendrá lógica! Al final, podrás jugar a un juego de Python en el que tendrás cierto número de intentos para adivinar un número elegido al azar. ¡Buena suerte!

```python
import random
guessesTaken = 0
print('Hola')
number = random.randint(1, 10)
print('Me he pensado un número del 1 al 10')
while guessesTaken < 3:
    print('Adivina')
    guess = input()
    guess = int(guess)
    guessesTaken = guessesTaken + 1
    if guess < number:
        print('Demasiado bajo')
    if guess > number:
        print('Demasiado alto')
    if guess == number:
        break
if guess == number:
    guessesTaken = str(guessesTaken)
    print('¡Buen trabajo! ¡Lo has adivinado en' + guessesTaken + 'intentos!')
if guess !=number:
    number = str(number)
    print('No. El número que había pensado era el ' + number)
```

Delante de este «print» y de las cuatro líneas siguientes tiene que haber cuatro espacios.

## HASHTAG AYUDA

Es habitual que las programadoras añadan notas y explicaciones útiles dentro de los programas de Python. Para ello, empiezan poniendo una almohadilla o hashtag (#). De este modo, otros programadores que vean el código sabrán qué tienen que hacer en ciertos sitios. Por ejemplo justo al principio de este programa, podrías escribir «#¡Prueba este juego de adivinar números tan divertido!». Python ignora todo lo que va después del «#» de esa línea y no lo lee como si fueran instrucciones.

```
if guess !=number:
    number = str(number)
    print('No. El número que había pensado era el ' + number)

#Juego de adivinar números. ¡A divertirse programando!
```

Abre IDLE en tu ordenador. Tienes que escribir este código. En la ventana Shell, ve a «File», «New File y «Save as». Guárdalo con el nombre de «JuegoAdivinarNúmero». Recuerda que, si no lo guardas al principio, corres el riesgo de perder todo lo que hayas escrito si te falla el ordenador. Al guardarlo, también podrás ejecutar el programa por partes a medida que trabajas en él. Así comprobarás que todo está correcto.

### TRUCO GENIAL

Escríbelo todo con muchísimo cuidado. Copia bien lo que está en mayúsculas y en minúsculas, las comillas, los puntos y coma, etc. Si te sale un mensaje de error en rojo cuando ejecutes el programa, por lo general, se deberá a que has escrito algo mal.

Deja un total de ocho espacios antes de este «print».

Cuando hayas terminado, dale a guardar. Después, para ejecutarlo entra en «Run» dale a «Run Module». Si todo es correcto, podrás jugar al juego.

¡En la página siguiente, te explicamos el juego «Adivina el número»!

# > TE EXPLICAMOS «ADIVINA EL NÚMERO»

¡Felicidades por hacer el juego de la página anterior! Te habrá llevado un buen rato escribir bien todo el código. Sin embargo, cuanto más practiques con Python, más ganarás en seguridad.

Cuando ejecutes el programa, verás algo así...

```
¡Hola!
Me he pensado el número del 1 al 10
Adivina
4
Demasiado bajo
Adivina
5
Demasiado bajo
Adivina
6
¡Buen trabajo! ¡Lo has adivinado en 3 intentos!
```

Ahora vamos a repasar el programa paso a paso para explicar mejor lo que significa cada frase del código.

```
import random
```

= Es una frase importante porque añade el módulo «random» (aleatorio) al programa.

```
guessesTaken = 0
```

= Establece una nueva variable, la del número de veces que has intentado adivinarlo (en inglés, «guessesTaken»). El número de intentos que ha hecho la jugadora se guarda en esta variable. De momento, la jugadora no ha hecho ningún intento, así que el número (un número entero que aquí se llama «integer») es cero.

```
print('Hola')
```

= Lo primero que escribe el programa de Python.

```
number = random.randint(1, 10)
```

= Una instrucción para utilizar la función «randint». La cifra aleatoria que tienes que adivinar es un número del «1 al 10» porque así lo has indicado. Podrías elegir otros números cualquiera. Por ejemplo, del -1 al 1000. Así el juego sería más difícil.

```
print('Me he pensado un número del 1 al 10')
```

= Ahora estás lanzando un mensaje para que el programa lo escriba después del primer «Hola». Le estás explicando a la jugadora que te has pensado un número entre las dos cifras que has concretado en la línea de código anterior.

```
while guessesTaken < 3:
```

= Esta línea establece una condición. Tiene dos valores: el de la variable «guessesTaken» y el número entero 3. Ambas están conectadas por un operador de comparación, el signo de menos que «<». Esta línea de código funciona como una frase de «verdadero o falso».

```
    print('Adivina')
    guess = input()
```

= Con estas instrucciones permites que la jugadora escriba el primer número para intentar adivinar. El número se guarda como una variable que se llama «guess» (Intento).

```
guess = int(guess)
```

=    Pone en marcha una función. 'int ()» coge la respuesta y la convierte en un valor.

```
guessesTaken = guessesTaken + 1
```

=    Esto inicia un bucle. Cada vez que se intente adivinar
el número, sube en uno el número de intentos.

```
if guess < number:
    print('Demasiado bajo')
if guess > number:
    print('Demasiado alto')
```

=    Es el comando «if». Sirve para calcular si el número que ha dicho la jugadora
es menor que el que tiene que adivinar.

```
if guess == number:
    break
```

=    El comando «break» comprueba si el número que ha dicho la jugadora es el número correcto.

```
if guess == number:
    guessesTaken = str(guessesTaken)
    print('¡Buen trabajo! ¡Lo has adivinado en ' + guessesTaken + ' intentos!')
```

=    Estas líneas se ejecutan si el comando «if» del paso anterior es cierto. La cadena calcula
y muestra el número de intentos que ha hecho la jugadora.

```
if guess !=number:
    number = str(number)
    print('No. El número que había pensado era el ' + number)
```

=    «!=» significa «no es igual a». Es un operador de comparación. Comprueba si el último intento
de la jugadora es distinto al número secreto. En ese caso, el programa revela la respuesta correcta.

¡Utiliza este espacio para escribir datos que vayas aprendiendo, tomar notas o para planificar tu próximo proyecto!

# > TEST DE PROGRAMACIÓN

Ahora vamos a hacer un sencillo test para poner a prueba tus conocimientos y capacidades de programación.
Las preguntas se refieren a Scratch y a Python, los dos programas que te hemos presentado en este libro.
¡Buena suerte! ¡Descifra el código!

**1** ¿Qué significan las iniciales MIT?

A. Tecnología Internacional de Michigan.

B. Instituto Tecnológico de Massachusetts.

C. Imposible Terminar Mañana.

**2** La página de inicio de Scratch se conoce como...

A. Interface.

B. Integer.

C. Paleta.

**3** Para cambiar la apariencia de un objeto, ¿en qué pestaña tienes que entrar?

A. Archivo.

B. Sonidos.

C. Disfraces.

**4** ¿De qué color son los bloques de «sensores»?

A. Rosa.

B. Amarillo.

C. Azul.

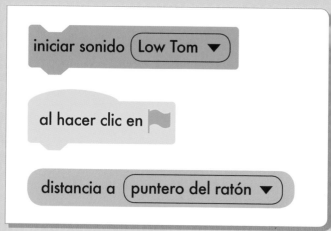

**5** Las posiciones horizontal y vertical de Scratch, ¿con qué dos letras se marcan?

A. X y X.

B. Y y U.

C. X y Y.

**6** ¿Qué tipo de bloques son los naranjas «por siempre» y «repetir»?

**A.** Bucle.

**B.** Proyecto.

**C.** Ejecución

por siempre

**7** ¿Qué dos clases de ventanas se utilizan en Python?

**A.** De cadenas y valores.

**B.** De programación y Shell.

**C.** De variables y emisión.

**8** Para que una instrucción aparezca escrita cuando ejecutas un programa de Python, ¿qué es lo primero que tienes que escribir?

**A.** return

**B.** print

**C.** import

**9** ¿Cómo se le llama a editar el proyecto de otro Scratcher?

**A.** Remezclar.

**B.** Hacer scratching.

**C.** Juguetear.

**10** ¿Qué tipo de bloque de Scratch es este?

**A.** Tutorial.

**B.** Operadores.

**C.** Movimiento.

mover ( 10 ) pasos

RESPUESTAS: 1. B; 2. A; 3. C; 4. B; 5. C; 6. A; 7. B; 8. B; 9. A; 10. C

# > GLOSARIO DE PROGRAMACIÓN

## Bloque

Los programas de Scratch se construyen de forma muy sencilla con bloques de colores ya predeterminados.

## Disfraz

La apariencia de un objeto puede editarse en la pestaña de «Disfraces».

## Escenario

Está situado en la parte derecha de la interfaz. Es la zona en que se ejecuta el programa una vez que se termina el script.

## Extensión

Dentro de la interfaz, es posible seleccionar extensiones como música, sensor de vídeo y texto a voz.

## Fondo

Es el nombre que se da a las imágenes de fondo de Scratch. Los objetos se colocan en el fondo, que se puede elegir en la biblioteca.

## IDLE

Son las siglas de Integrated Development and Learning Environment (entorno de aprendizaje y desarrollo integrados). Al abrir IDLE en Python, el programador puede escribir el código.

## Interfaz

El nombre de la página de inicio de Scratch. Aquí se empiezan los proyectos y se seleccionan la información y las instrucciones.

## Mis cosas

La parte de Scratch en la que se guardan los proyectos de una usuaria. También te permite compartirlos con los demás.

## Mochila

Un elemento de almacenamiento que ahorra mucho tiempo en Scratch. Aquí puedes arrastrar los scripts y los objetos para, luego, acceder a ellos rápidamente cuando hagas otros proyectos.

## Objeto

Son imágenes de Scratch que se pueden programar para que hagan movimientos y sonidos, para jugar y para muchas otras cosas. Están almacenados en la biblioteca de objetos.

## Online

Si una usuaria de Scratch está *online*, quiere decir que está usando un ordenador que tiene el acceso a internet habilitado.

## Paleta

Los bloques de programación de Scratch se arrastran desde la paleta, el lateral izquierdo de la pantalla, hasta la zona de scripts.

## Print

En Python, el comando «print» es una instrucción para escribir el texto que lo acompaña en pantalla.

## Programadora

Una persona que da instrucciones a un ordenador a través de un programa que crea.

## Proyecto

Los programas que haces en Scratch se llaman «Proyectos». Pueden ser juegos, animaciones, vídeos y música.

## Scratcher

Término que designa a las usuarias de Scratch.

## Script

En Scratch, un script es una lista o conjunto de bloques que dan instrucciones.

## Sin conexión

Cuando una usuaria de Scratch está trabajando con un ordenador que no está conectado a internet.

## Subir

En Scratch, es posible subir desde tu ordenador objetos, fondos y disfraces personalizados para añadirlos a un proyecto.

## Variable

Se usa tanto en Python como en Scratch. Es un sitio en el que puedes guardar información que cambia.

## Ventanas Shell y de programación

Los dos tipos de ventanas que aparecen cuando se usa Python.

# > ÍNDICE ALFABÉTICO